Heibonsha Library

ヘーゲル・セレクション

Georg Wilhelm Friedrich Hegel

平凡社ライブラリー

Heibonsha Library

ヘーゲル・セレクション

Georg Wilhelm Friedrich Hegel

廣松 渉・加藤尚武編訳

平凡社

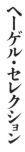

本書は一九七六年に平凡社より刊行された
『世界の思想家12　ヘーゲル』を改題したものです。

まえがき

本書は、ヘーゲルの著作・論稿・講義録からの抜粋を編輯《へんしゅう》的に再構成して、ヘーゲル哲学を概括的に理解する便を図ったものである。

先哲《せんてつ》の思想を理解するに際しては、思想形成の通時的過程を追跡することが好便な一助たりうることは言を俟《ま》たない。しかし、編訳者の解説的文言を一切中途に挿入することなく、もっぱら抜粋文のみを補綴《ほてい》して一書を編むという〝純粋アンソロジー〟の方式を執《と》る本シリーズの場合、ヘーゲルの思想を通時系列に即して再構成する手法は到底許され得ないであろう。それは、未成熟な思想と成熟した思想との境界を曖昧にし、体系的理解を却って困難ならしめる惧《おそ》れなしとしない。大冊にあっては前期思想に別枠の章を設ける途《みち》もありえようが、茲《ここ》では、紙幅の制約をはじめ諸般の事情を勘考して、体系期の思想に限定する方針に思い定めた次第である。

体系期のヘーゲル哲学の概観を図ると称しても、彼の体系的諸著を順次均等に圧縮・抄訳して行くがごときは、蓋《けだ》し論外であって、ヘーゲルの中心的思想、特徴的な論点と看ぜられるものを採録しつつ、謂《い》わば準体系的な再構成を本書は試みる。

ところで、どの時点を以《も》ってヘーゲル固有の哲学が確立されたとみるか、従って、どの労作以降を以って体系期に属するものと見做すか、これには異見の余地がありうる。慥《たし》かに部門によって遅速の差も認められよう。また、総じてみれば未だシェリング的と言うべきであっても、そこにすでにヘーゲル固有と認めうる断章を含む論稿も遺存する。われわれとしては、一八〇〇年以前のヘーゲル——すなわち、シュトゥットガルトの中学生《ギムナジウム》時代、テュービンゲンの神学生時代、ベルンおよびフランクフルトの家庭教師時代——の遺作はひとまず無条件に除外する。が、一八〇一年のイエナ移住後の論稿の場合、全体的な性格としては過渡的と目されるものであっても、そこに含まれているヘーゲル固有と認めうる断章は、臆せずに採録の対象に算入する。但し、体系確立後の思想とは稍々《やや》違和に過ぎると憚《はばか》られる場合には、小型の活字を以って印刷に付し、格差を設ける。

惟《おも》えば、難解を以って鳴るヘーゲルの哲学、しかも厖大《ぼうだい》なる論著から、本書のごとき小冊子の枠内でアンソロジーを編むことは無謀の譏《そし》りを免れ難いであろう。浅学非才《せんがくひさい》を自覚するにつけ、忸怩《じくじ》たるものがある。しかし、翻《ひるがえ》って想うに、ヘーゲル哲学に関心を懐きつつも大冊を前にして繙読《はんどく》を躊躇する学徒も尠《すくな》しとせず、また、枢要な論稿の相当部分が本邦未訳である現状にあっては、敢て侃々《かんかん》の舞踏を踏む者がなければなるまい。それは、碩学ならずして、鉄中《てっちゅう》の錚徒《そうと》のうちに求められてしかるべきであろう。けだし、僭越を憚ることなく、懇請を容《い》れて無謀の業に着手した所以である。

編輯に当っては、頭初に誌《しる》した通り、ヘーゲルの中心的思想、特徴的諸論点と思料される章句の採録を宗としたが、その埒内《らちない》において、ヘーゲル左派、ひいてはマルクスとの関連を勘案して幾許かの特色を添えるよう心掛けた。このため、局所的にはなにがしかの偏位を伴うにせよ、総じては断じてマルクスを準縄《じゅんじょう》とする傾向的取捨には陥っていない所存である。但し、余りにも過酷なる紙幅の制約上、――一連の政治・時事論文、美学講義、法律論、哲学史ならびに一般世界史講義、等々に関しては、原理的立論の採録にとどめ、そこに遺された豊潤なる事象的内容の摘録は所詮措くの外ないと諦念しつつも――一旦採録した章句の過半を割愛するの止むなきに至り、当初の構案に鑑みれば、全巻之《の》粗描に終始していることを遺憾とする。他日を期するの念や切なるものがある。

訳文の作製に際しては、底本として最良（≒最新）のテキストを撰んだため、結果として都合四種類の著作集・全集（別掲の凡例と解題参照）から採録するという形式上の不統一を生じた。

現時点においては未だ満足すべき「ヘーゲル全集」の完結をみない現状に免じて、此の段諒解いただきたいと念《おも》う。

飜訳《ほんやく》に当っては、既成の邦訳が存在するかぎり示教に与るよう努め、随所で、先学の訳文を拝用させて頂いた。しかし、全文訳と抄出訳との差異上、先学の達意の名訳を往々にしてより直訳に近い形に引き戻さざるを得なかったことをはじめ、訳語・文体の統一の必要、等々、副次的な事由から、一見、既製の邦訳とは屢々異貌の観を呈することかと惧れる。文義理解と構文把握に関しては先学の訳文を踏襲しつつ、宛《あた》かも添削を施したかの如き結果的所見を呈する個所も散在する憾みなしとしない。先学の訳業を十全には能く生かし得ぬ非才を深く愧ずる。訳出に際して格別の示教を仰いだ諸先学、順不同ながら、特に金子武蔵、山本信、藤野渉、本多修郎、上妻精、松村一人、船山信一、武市健人、竹内敏雄、木場深定、藤田健治、樫山欽四郎、川原栄峰、塩屋竹男の諸先生に篤く御礼申上げるとともに、前段に誌した委細にて衷心より寛恕を乞う次第である。

本書が成るに至った経緯について誌しておけば、僭上にも不肖が鉛槧《えんざん》に上せることを平凡社と約したのであったが、寧日《ねいじつ》なく、亦《また》、門外漢の身を省み、江湖への責任を思い、第一線のヘーゲル研究家、加藤尚武氏に協働作業を乞うに及び、同氏の厚志のもとに成稿を得る運びとなった。同氏の尽力がなければ、本邦初紹介の文典から斯くも多数の章句を採録することは到底不可能であったろうことを甫《はじ》め、諸事につけ猶多くの不備を生じたことであろう。本書が若しなにがしかの長所を持つとすれば、それは偏えに同氏に負うものである。素より不肖といえども万事を同氏に託して懶惰《らんだ》を事とした訳ではない。書材の蒐集・撰定・編輯、訳文の作製・検討・推敲の末に至るまで、本書（但し署名入りのまえがき、思想と生涯、文献案内を除く）は両名の緊密なる協働作業に俟って成ったものである。

事情にして斯くの如くである以上、本書は表装・大扉を甫め、共同編訳書と謳わるべきところ、本シリーズの他の類比的ケースとの均衡上不都合を生ずる由、また、加藤尚武氏名のみを表記することについては氏の固辞に遇ったため、表装の上では止むを得ず不肖の名義を掲げることと相成った次第であるが、爰《ここ》に重ねて、本書が語の全き意味における「共同編訳書」である旨を特記する所以である。

一九七六年三月吉日

廣松　渉　誌

編集部注：平凡社ライブラリー化にあたり、廣松渉、加藤尚武編訳とした。

凡例

1　今回、本書を平凡社ライブラリーに収めるにあたり、一九六八年から継続して刊行中の新全集（G. W. F. Hegel Gesammelte Werke, in Verbindung mit der Deutschen Forschungsgemeinschaft, Hrsg. von der Reinisch-Westfälischen Akademie der Wissenschaften, Hamburg, 1968ff.）の巻数・頁数に可能な限り改めた（巻数の前にGWを付す。巻数と頁数の間に入る数字は分冊を表す）。第一部（著作集）は二〇一四年に完結し、第二部（講義録）では、さまざまな講義が年度・学期別に編集されて刊行が進行中である。さまざまな講義筆記録をもとにしてかつて編集された『歴史哲学』、『哲学史』、『宗教哲学』、『美学』から本書が採録した個所は、目下刊行中の講義録の中に見出せなかった。そのため講義類についてはズールカンプ版（Suhrkamp と略記）、ラッソン版（Lasson と略記）の巻数・頁数を残さざるをえなかった。ところで『法哲学』、『エンチクロペディー』の新全集版は補遺を付していない。その補遺は当時利用できる講義筆記録にもとづくものであるが、講義筆記録が目下刊行中という事情に鑑み、該当節番号と補遺を、読者が一覧できる点を考慮して、本文節番号の該当頁を新全集版に改めるとともに、その後の括弧内にズールカンプ版の巻数・頁数を残した。そのほか、新全集版で確認できない個所はズールカンプ版のままとした。強調は新全集版に従った。またニュルンベルク期、ハイデルベルク期のテキストの取り扱いで新全集版がおこなった変更（節番号、テキストの二次文献化、ズールカンプ版にあるが新全集版にない文章など）については、その都度、注記を施した。

2　書名・論文名は、それぞれ『　』、「　」に収めて通称（短縮する場合もある）を訳載しておく。

3　訳出に際して中途を省略した個所は、省略部の長短にかかわりなく〔……〕で示す。但し、文頭・文末の省略は後掲5のケース以外は特記しない。

4　同一の原典から一連の採録をおこなった場合には、出典・出所はその末尾に一括して掲げる。但し、偶々同一出典からの採録が重なっても、出所が離れている場合には、その都度、出典・出所を挙げる。

5　同一出典からの一連の引用であっても、ヘーゲルが小節に区分しているテキストの場合には、文中、小節の終りに／を置き、〔……〕によって当の小節末尾までの引用であるか否かを示す。尚、小節区分のないテキストからの中略引用の場合にも内容に応じて／の挿入を準用する。

6　原文が隔字体ないし斜字体で強調されている個所は、抄録の文脈では無意味と思われる場合であっても、全文強調の場合を除き、傍点を付して原文通り強調する。

7　採録文が、本書において前・後に配した文章に対して一種の註解・導入・解説の意義づけをもつ場合には、その章句が原典において、本文・註釈部・註記・補遺のいずれであるかにかかわりなく、一字下げて印刷する。

8　本書での改行は原典のそれと必ずしも一致しない。

9　採録した章句が体系期のヘーゲル思想との違和が大きいと惧れられる場合には小型の活字で印刷する。

10　本書における（　）括弧は原典のそれに対応する。〈　〉括弧は、例えば〈自己〉のごとく名詞化された一概念であることを示すのに用いる。〔　〕括弧は、言い換えや補説の際に使用する。尚、原典編纂者の文法的補完は原則としてテキストに繰り込み、特記しない。

11　一原語一訳語主義を墨守することなく、文脈に応じて訳し分けてある。但し、枢要な用語の場合、原語の挿入やルビによって原語の同一性を可及的に明らかにする。

目次

思想と生涯　近代哲学の体系的完成者ヘーゲル

加藤尚武

一　経歴の概要と家族関係

「私こと、ゲオルグ・ヴィルヘルム・フリードリッヒ・ヘーゲルは一七七〇年八月二七日にシュトゥットガルトで生まれました。両親、収税局文書顧問官〔哲学者の出生した当時「書記官」であった〕ゲオルグ・ルートヴィッヒ・ヘーゲルとクリスチアーネ・ルイーゼ旧姓フロムとは種々の学問的教養のため配慮してくれました。それには個人教授によるものと、シュトゥットガルトのギムナジウムの公共教育によるものとがありました。ギムナジウムでは古典語、近代語およびさまざまの学問の初歩が教えられました。私は一八歳の時テュービンゲンの神学校に入学を許可されました。シュヌールのもとで文献学の研究、フラット、ベックのもとで哲学と数学の研究に二年間を費して後、哲学のマギステルとなり、ひきつづき三年間、ル・ブレ、ウーラント、シュトール、フラットのもとで神学上の諸学を研究し、シュトゥットガルトの宗務局で神学試験に合格し、牧師補として採用されました。私は両親の望みに従って説教職の身分を得ましたが、神学の研究に進んで従事していたのは、この研究が古典文学および哲学と結びついていたからです。私は採用された後で、宗教上の身分で行う職種のうちで、本来の職分、説教職と不可分であり、古典文学と哲学に専念できるだけの余暇が保証されるとともに、外国で未知の諸事情のもとで生活する機会を与えてくれる職種を選びました。つまり、私は、ベルンとフランクフルトで行った二回にわたる家庭教師職に、かかる職種を見出したのであります。これらの仕事は、私が自分の生涯の使命と思い定めた学の道に従事するだけの充分な時間を与えてくれました。両都市で六年過ごして、私の父の死後、私はすっかり哲学上の学に身を打込もうと決心しました。イエナの評判は、私が自分のために勉強してきたことを仕上げ、教職を求める機会もあるということで、他の場所を選択する余地を与えませんでした。私はそこで『フィヒテとシェリングの哲学体系の差異』〔略称『差異』〕という論文を書き、フィヒテ体系の不充分であることを述べました。ひきつづき、私の学位請求論文『惑星軌道論』の公開弁論で私は支持者たちから同意を得ました。私はシェリング教授と共同して『哲学批評誌』を二巻出版しました。そのうち〔私の分は〕

序文

通俗の人間悟性はいかにして哲学を受け容れるか

古代の懐疑論と近代の懐疑論

カント、ヤコビ、フィヒテの哲学

自然法の従来の扱い方〔です。〕

三年前から哲学の私講師として、私は哲学についてさまざまの講義をしてきました。とくに前の冬学期には数多くの聴講生〔三〇名〕に講義をしたと信じます。王立鉱物学会は先年、第二の陪席者として、そして最近、〔ヴェストファーレン〕自然研究学会は〔正〕会員として私を受け容れました。

このように多角的な研究に従事しつつも、哲学という学こそ私の天職でありますので、貴殿、支持者の方々によって、哲学の公の教師に据えられんことのみを希望しうるものであります。」
（Suhrkamp. II. S. 582f.）

この経歴書は下書きであって、書かれたのは一八〇四年九月、イエナの私講師時代（翌年五月からは員外教授）である。清書稿があったとすれば、ゲーテに渡されたと推測される。この下書きには当然訂正を要する点がある。それはまず、母の名の代わりに妹の名が書かれている点で、彼が一一歳の時〔一七八一年――ホフマイスター編『書簡集』による〕に死んだ母はマリア・マグダレーナ・ルイーザ旧姓フロムである。母と妹の〈取りちがえ〉にはフロイト風の解釈の余地がないわけではない。ヘーゲルが『アンチゴネー』を愛読し、『精神現象学』で兄妹愛を至上のものと謳ったことの背景には、この三歳年下の妹クリスチアーネへの愛が考えられている。彼女は生涯独身で通し、一八一四年以来神経を病み、ヘーゲルの死の翌年入水自殺している。ヘーゲルには軍人となった弟が一人いてヘーゲルが庶子ルートヴィッヒ・フィッシャーをもうけた時の名付親の一人となっている。

彼は一八一二年ナポレオンのロシア戦役で戦死している。

二　シュトットガルト時代

妹クリスチアーネが、ギムナジウム卒業（一八歳）までの幼きヘーゲルの教養について、未亡人となったヘーゲル夫人に語っている書簡がある。

「彼は、三歳の子供の時ドイツ語学校へ、五歳の時ラテン語学校へ送られました。そんな年齢で彼はもう初歩の格変化とそれに必要な単語を知っていました。これらは、私たちの亡くなった母が教えたものです。母は当時としては教養ある婦人で、それゆえ彼の最初の勉強には大きな影響を与えています。どのクラスでも彼は毎年賞をもらいました。というのは彼はいつも上位五番以内にいたからです。一〇歳から一八歳まで彼は彼の学年の首席でした。八歳の時、彼を特に愛していて、彼の後の修養に大きな寄与をしたレフター先生が、エッシェンブルク訳のシェイクスピアの戯曲集を贈りました。そこにはこういう言葉がはさまれていました――君は今はまだ理解しなくても、まもなく理解するようになるだろう。」（一八三二年一月七日――以下書簡はいずれも前記『書簡集』による）

フランクフルト時代のヘーゲルの草稿には「ユダヤ民族の運命は、マクベスの運命である」（GW2. S. 78）とする印象的な一節があり、「愛」と題される断片には『ロメオとジュリエット』の引用がみられ、両者は「愛における運命との宥和」という青年期の中心思想の、愛と運命とにかかわっている。晩年のヘーゲルの美学講義でもっとも生彩ある記述の一つはシェクスピアにあてられている。そこでヘーゲルは、シェクスピアと英国史から国家権力内部の暗黒部をつぶさに見てとっており、彼の歴史思想の一つの養分となったであろうと推測される。

シュトットガルト時代のヘーゲルの『作品』として残っているものは、書簡一通、日記（ドイツ語およびラテン語）、作文「三人の対話」、「大きさの表象についての考察」、「ギリシア人とローマ人の宗教について」、「古代詩人の〔近代詩人との〕いくつかの特徴的差異について」およびギムナジウムの卒業演説である。

三　テュービンゲン時代

一八歳の一〇月から二三歳の九月までを過ごしたテュービンゲン神学校時代のヘーゲルの内面生活については、一年先輩のロイトヴァインという男の報告が興味深い。

「私がいなくなった最後の学年でヘーゲルが変わったかどうか〔……〕知りません（変わっ

たとは思われませんが）。しかし、私どもが親しくしていた四年間では、形而上学はたいして彼の関心事ではなかったのです。彼の英雄は『エミール』、『社会契約論』、『告白』に見られるジャン・ジャック・ルソーでした。そして似たような情感で充ちあふれている他の思想家たちでした。彼らにおいて、人は、一定の普遍的な悟性支配から、もしくは、ヘーゲル言うところの桎梏《しっこく》から解放されるというのです。彼はことさらに『ヨブ記』を愛読していましたが、それというのも、彼がそこで出会った捉われのない自然な言葉づかいのためなのです。一般的に言って彼は、私には一風変わった《エクスツェントリッシュ》ように見えました。彼が後の自分の考えに到達したのは外国へ行ってからです。というのはテュービンゲンでは、父なるカントが彼には少しもまともに知られていなかったからです。そして私はと言えば、何しろカントの文献にはひどく打ちこんでいたものですから、シェリング、〔……〕フラット、〔……〕補習教師ディーツ（例のカント気ちがい）としばしば話し合ったものですが、カント、ラインホルト、フィヒテについて話し合う時、ヘーゲルが相手だとろくな受け答えが聞かれませんでした。ヘーゲルは折衷主義者でした。そして相変わらず知の王国にもたもたとさまよっていたのです。」（ニコーリン編『同時代人の報告から見たヘーゲル』S. 12――以下『報告』とする）

飲酒癖のために牧師を辞めた男が晩年に、数少ないヘーゲルの生き証人という特権をもって「後輩の大学者」をこきおろして楽しんでいるという臭みのある文章であるが、自分こそは大哲学者ヘーゲルをさしおいてカントを知っていたという自慢話を差し引けば、これは案外正確なヘーゲルのプロフィールかもしれない。——当時のテューービンゲンの教師たちの思想状況はどうだったか、最近発見された資料に詳しいディーター・ヘンリッヒの記述から問題点を拾ってみよう。

「シュトールによると、キリスト教をただ理性をめざめさせ、理性の洞察を確証することに寄与しようとするものだと解するなら、キリスト教の本質を誤解することになるのである。むしろ啓示こそがわれわれの判断の規定根拠でなければならない。〔……〕この神学は、当時の解放運動に共感を覚えていた若い神学者たちの情熱的な反対の矢面に立たざるをえなかった。彼らが従わざるをえなかったテューービンゲン神学校の生活規則もこうした反対の動きを助長することになった。〔……〕シュトールの神学、神学校の規則、これら両者に保護を与えている国家の体制こそは、彼らの大部分にとって一個の革命に値するもの、つまり、自由な信仰とカント哲学とフランスの政治状態において開始されている革命に値するものと思われた。ヘーゲルとシェリングの初期著作は、シュトールと彼に結びついた勢力に反対することを目標としていたのである。〔……〕

シュトールは明らかに永い間、彼の釈義的な神学がカント化された聖書解釈に対抗して学として主張されうると思いこんでいた。〔……〕理性を超えた啓示の権威に対する攻撃がその過激さを増すにつれて、彼は不安にならざるをえなかった。不安をかりたてられたそれ以上のより重要な原因は、ヘーゲルの青年時代の友人〔ロイトヴァイン〕が「カント気ちがい」と述べた補習教師カール・イマヌエル・ディーツの活動から生じたものである。〔……〕ディーツは実際、当時大学で活躍しえたもっとも過激なカント主義者だと言ってよい。彼は、プロテスタントの牧師なら誰でも就任前に教会の信仰箇条書に対して誓わなければならない宣誓を、情熱をこめて論難した。〔……〕カント哲学から出てくる結果に従えば、教義は一つのまやかしであり、強制的支配の利益のためにさっぱり訳のわからない諸命題に同意をとりつけようとする試みのように思われたのであった。〔……〕若い神学者たちを学習の上で指導すべき立場にあったディーツは、こうした道を徹底していってキリスト教を全面的に放棄するところにまで進んだ。〔……〕シュトールは〔方向を転換して〕カント哲学の過激な翻案に対抗して、正統派神学がカント理論と一致しうることを証明しようと決心した。」（D・ヘンリッヒ『コンテキストから見たヘーゲル』S. 54ff.）

ヘーゲルの母校では体系期のヘーゲルに対しても批判的傾向が支配していた。彼はそれについて「予言者にして故郷に容れられる者はなし」とイエスの言葉をひいて笑ったという（『報告』S. 467）。神学校での作品には作文「ギリシア・ローマの古典を読書に選ぶことの若干の利点」、神学校で定例の級友の前での演説四篇、書簡二篇、および『国民宗教とキリスト教』の一部分等がある。

四　ベルン時代

ヘーゲルはベルンのシュタイガー家へ家庭教師として赴く。友人のヘルダーリンも同じく家庭教師としてヴァルタースハウゼンへ行き、そこからイエナを訪ねてフィヒテの講義を聴く。ヘーゲルの自筆経歴書には、僧職と関係あるものとして家庭教師を「選んだ」かのように書いてあるが、実際には、家庭教師としていわば還俗するためには宗務局の許可が必要だったほどで、聖と俗、牧師と教師は対立関係にあった。シェリングはテュービンゲンに残っている。ヘーゲルと二人の友との間に手紙が行き交う。

〔ヘルダーリンからヘーゲルへ〕「僕の仕事は今かなり集中している。カントとギリシア人が僕のほとんど唯一の読書だ。批判哲学の美学部門〔『判断力批判』〕にとりわけ精通しようと努めている。〔……〕すぐに返事をくれたまえ。君の便りがないと僕はがまんができない。」(一七九四年七月一〇日)

〔ヘーゲルからシェリングへ〕「ところでテュービンゲンの様子はどんな風なのだ。〔……〕カントの宗教論に対する非難はシュトールによるもののほか、僕はまだ聞いていない。〔……〕

カントの宗教論の影響は、今でももちろん静かなものだが、時が来れば明るみに現われるだろう。――カリエがギロチンにかけられたことは知ってるだろうね。〔……〕法廷審理がきわめて重要なんだ。ロベスピエール派の醜行がすっかり暴露された。」（一七九四年一二月）

〔シェリングからヘーゲルへ〕「テューービンゲンでは哲学的精神はすでに頂点に達している。それはまだしばらくの間、高みを回っていて、そして加速度的に墜落・下落するだろう。しかも今日カント主義者は群をなしている。〔……〕考えられるあらゆるドグマが今やもう実践的理性の要請というレッテルを貼られている。〔……〕実定宗教のみならずいわゆる自然宗教の迷信も彼らの胸中にあってはカントの語句と結合されていると僕は確信している。〔……〕フィヒテは哲学を高みへと高揚させ、それを前にしただけで今までのカント主義者どもの大部分はめまいがしてしまうだろう。」（一七九五年一月）

〔ヘーゲルからシェリングへ〕「しばらく前から僕はカント哲学の研究を再び取り上げてやっている。それはこの研究から得られる主要な成果を、われわれにとってまだ身近かな多くの観念に適用することができるようになるため、もしくは、こうした観念を、その成果に従って仕上げるためなのだ。〔……〕」

君が、テューービンゲンでの哲学上の神学的・カント的歩みについて書いてきたことは驚くにはあたらない。正統派を守ることは、彼らの職業が現世的な利益と結びついて、国家の全体に織りこまれている以上、ゆらぐはずはないのだ。〔……〕神学者たちは蟻のごとき労苦で批判の建築用具を、彼らにとっての全てがゆらぐことをできるかぎり妨げるために彼らのゴチック寺院の強化のためにとり集めているが〔……〕結局彼らの弱点を白日のもとにさらすことになる。教義学の炎上を防ぐために彼らはカントという焚刑の薪から運び取った建築用具をつかっているが、実は燃えている石炭をいつも自分の家へもちこんでいるのだ。」（一七九五年一月末）

カント研究の成果を「身近かな観念」に適用するということは、今日残された仕事から見て、カントの宗教論をふまえたキリスト教批判の著述であったろう。この時期の彼の作品として残っているものは、『国民宗教とキリスト教』、『イエスの生涯』、『キリスト教の実定性』とそれらに関連した断片、「心理学と論理学の資料」（ノート）、いわゆる『ドイツ観念論最古の体系案』（ヘーゲルの手で書かれているが、余人の作とする説も多い）、『アルプス紀行』ともいうべき日記、詩『エロイジス』および書簡八通である。

五　フランクフルト時代

ヘーゲルはヘルダーリンに紹介されて彼の住むフランクフルトへ赴く。

〔ヘーゲルよりヘルダーリンへ〕「君の手紙が僕をどれほど喜ばせたか、口では言えないほどだ。しかしまもなく君に会って、君を抱擁できるという希望はそれ以上のものだ。」（一七九六年一一月）

ヘーゲルは一度シュトットガルトの家へ帰る。「彼はふさぎこんで帰ってきたが、気のおけない仲間といるときだけは陽気だった。」（妹クリスチアーネのメモ――『報告』S. 27）

そんな相手として妹の友人ナネッテ・エンデルがいた。淡いつき合いで恋というにはほど遠いが、二七歳の若き哲学者は二二歳の娘に楽しい想い出を残した。二人は子供じみた遊びをしたり、彼が彼女に定期刊行の小説を読んでやったりした。（『報告』S. 28）

フランクフルトについたヘーゲルは、ヘルダーリンだけでなく、ヘルダーリン周辺の若い思想家たちのサークルに迎えられた。これまでのヘーゲルの基本的思想は、ルソーの、カントとは異質な面にひかれながらも、カント的道徳宗教の観点から既成宗教「実定宗教」を批判するというものであった。しかし、彼らの問題意識はすでにそのような観点を超えていた。いや、テュービンゲンのシェリングもそうであった。時期的に遡って、彼の書簡を見よう。

〔シェリングからヘーゲルへ〕「私が〔神の存在の〕道徳的証明によって人格的存在者に到達すると信じているのかという君の問いに一言答えておこう。正直に言ってこの問いには驚いた。

レッシングの信奉者からこうした質問をうけるとは思わなかったのだ。〔……〕〔レッシングと同じく〕われわれにとっても神の正統的な概念はもはや存在しない。私の答えは、われわれが人格的存在者より以上の所にまで達しているということだ。こうして私はスピノザ主義者になった。〔……〕スピノザにとって世界（端的に客観、これは主観と対立する）が全てだ。私にとって自我が全てだ。〔……〕哲学は無制約者から出発せざるをえない。問題はただどこに無制約者があるか、自我の内にか、非我の内にか。〔……〕私にとってあらゆる哲学の最高の原理は純粋な絶対的な自我だ。」（一七九五年二月）

シェリングはすでにフィヒテを自己のものとしている。ところがヘルダーリンは、このフィヒテの難点を把握する地点にまで達していた。書簡の時期はさらに遡る。

〔ヘルダーリンからヘーゲルへ〕「フィヒテの思弁的未刊書『全知識学の基礎』および印刷された『学者の使命についての講義』はたぶん君にとって、とても興味深いものだろう。初めのうち僕は彼が独断論者だという疑念をもっていた。彼は〔……〕現実に岐路に立っていたし、まだ立っていると思われた。彼は理論において意識の事実を超えるかもしれない、と思われた。〔……〕彼の絶対的自我（＝スピノザの実体）はあらゆる実在性を含んでいる。自我が全てであり、その外には何もない。それゆえこの絶対的自我にとってはいかなる対象もない。〔……〕

しかし対象のない意識などというものは考えられない。〔……〕絶対的自我として私はいかなる意識ももたない。私が意識をもたない以上、私にとって私は無であり、それゆえ絶対的自我は私にとって無である。」（一七九五年一月）

ヘルダーリンの当時の思想を簡潔に要約した断片に『判断と存在』がある。

「存在《ザイン》は主観と客観の結合を表わす。主観と客観が端的に、部分的にではなく合一されている時、つまり、分割されるものの本質をそこなうことなしにはいかなる分割も行われえないように合一されている時、その時にかぎって、端的に存在〔Sein schlechthin〕ということが語られうる。知的直観の場合がそうであるように。

しかし、この存在は同一性と混同されてはならない。私が〈自我は自我だ〉という時、主語（自我）と客語（自我）とは、分割されるものの本質をそこなわずにはいかなる分割も行われえないように合一されているのではない。反対にこの自我は自我の自我からのこのような分割によってのみ可能となる。いかにして私は〈自我《イッヒ》！〉と、自己意識なしに言いうるだろう。しかし、いかにして自己意識は可能であろう。私が私を私自身に対置し、私を私自身から分割しながら、しかしこの分割にもかかわらず、対立するものの内にある私を同一として認識することによってだ。〔……〕

判断（Urteil）は最高のもっとも厳密な意味において、知的直観においてもっとも内的に合一されている客観と主観の根源的な分離である。それは客観と主観がはじめて可能になるところの分離、すなわち根源分割〔Ur-Teilung〕である。」（P・ベルトー撰『ヘルダーリン、作品・書簡・記録』S. 490f.）

ヘルダーリン周辺のサークルは、哲学、宗教、政治、文学に関心をもつさまざまな意味で先進的な若きインテリの集まりだった。その中の一人I・ジンクレール（一七七五－一八一五）はヘルダーリンの哲学にある程度の体系化を加えてもいた。ヘーゲルの根本思想は、このヘルダーリン＝ジンクレールの思想に培われて芽生えたと言ってよい。後にヘーゲルがシェリングの同一哲学と歩調を合わせながら、まもなく訣別した根本理由も、ヘーゲルがシェリング的同一性をヘルダーリンに由来する〈同一－根源分割－より高次の同一〉という発展相で把《と》えていた点にある。

フランクフルトでのヘーゲルの作品では、後にノールが『キリスト教の精神と運命』と題した論文、およびその下書き類が主たるものである。次に、ヘーゲルが自己の立場を確立するために模索しつつ書いたと思われる小文として『道徳・愛・宗教』、『愛と宗教』、『愛』、『信仰と存在』、この系列の集約点をなす『体系断片』がある。ベルン時代の『実定性』論文をまったくちがう観点から改稿している。これら宗教・哲学論文と並行して政治論文が書かれる。『ヴァド地方のベルン市に対する国法上のかつての関係についての親書、ベルン議会の以前の寡頭政治の完全なる暴露、故人となった〔実は生存中だった〕さるスイス人〔カル〕の仏文よりの註釈つき翻訳』(通称『カル親書訳』)、『ヴュルテンベルクの最近の内情について、特にその自治体役員制度の欠陥について』が書き上げられ(前者は印刷公刊)、またイエナ期にひとまず成稿をみる『ドイツ憲法論』が書きはじめられる。公刊を予期しない断片として、『監獄について』があり、ルカーチに重視された「スチュアート財政学の独訳への註解」は散佚した。詩が断片的なものを入れて四点、軽いエッセイとして『トランプ遊びについて』があり、『ヴァレンシュタインについて』、幾何学のノートも残されている。他に時期不明のもの、未公刊の草稿が若干ある。書簡はナネッテ・エンデル宛五通、シェリング宛一通である。

「昨夜、一二時になろうとする頃、父が死にました。まったく穏かに、静かに。私には貴方にもうこれ以上書けません。神様の御加護が私にあらんことを。貴方のクリスチアーネ」(一七九九年一月一五日)

「フランクフルト、一八〇〇年一一月二日。愛するシェリング、〔……〕こまごましたお願いでずうずうしく君の好意を求めさせてもらいたい。僕の願いというのはバンベルクへ行くのに行き先をいくつか〔紹介してほしい〕ということだ。〔……〕僕は〔父の遺産によって〕とう今までの暮らし方をやめられる見通しになったので、拘束のない状態でしばらく過ごしたいし、その期間を着手しかけた仕事と勉強に捧げたいと決心したんだ。イエナの文学上の大さわぎにあえて身を委ねる前に、むしろどこか第三の場所に滞在して自分を強化したい。バンベルクで君に会えると期待すれば、そこがますます気にいってくる。〔……〕別の土地、エルフルト、アイゼナッハの方がよいと思うなら、斡旋してくれたまえ。僕は安い食料と、身体の状態のために良質のビールを求めている。それから少数の知人、等々。――プロテスタントの町よりもカトリックの町がよい。僕はこの宗教を一度近くで見たいのだ。〔……〕
人間の下位の欲求から始まった僕の学問的教養において、僕は学問へと駆り立てられざるをえなかった。そして青年時代の理想は反省へと、同時にまた体系へと転化せざるをえなかった。こういうことに従事しながら僕は今、自問している。人間の生の内へと食いこんでいくような、どのような還帰が見出されるかと。〔……〕
君が僕の利己的でない努力〔政治論文の執筆〕――その努力の領域は低次のものだが――を認め、価値を見出してくれると思っている。〔……〕
君の友、W・ヘーゲル」

六　イエナ時代

自筆経歴書でヘーゲルは、イエナへ行くのに〈選択の余地はなかった〉むね書いているが、右の手紙でわかるようにこれはかなりはしょった書きぶりである。イエナでまずヘーゲルは、「着手しかけた仕事」、「利己的でない努力」つまり『ドイツ憲法論』にとりかかる。ついで『フィヒテとシェリングの哲学体系の差異』、『惑星軌道論』およびそれに付されたいわゆる『就任テーゼ』が書かれる。シェリングと共同の『哲学批評誌』に書いたものは、『序文、哲学的批判の本質、ことに哲学の現状に対するその関係について』、『通俗の人間悟性は哲学をいかに受け容れるか』、『懐疑論の哲学への関係』、『信と知』、『自然法の学的扱い方について』であり、先の経歴書と内容は同じだが題名は少しちがって、本来の題名の野心的・挑戦的性格を和らげている。この他にこの雑誌の「告知欄」に四回執筆、新聞への寄稿が五回、『ブータベックの思弁哲学原理』、『ヴェルネブルクの二著作』、『ゲルシュテッカーの法概念の演繹』、『クルークの哲学の新機関の計画』と『哲学批評誌』の予告文である。詩一篇、講義草稿、アフォリズム一〇〇篇。以上がほぼ『哲学批評誌』の時期の作品である。

『哲学批評誌』の題名の意味については、「予告」および序文の「哲学的批判の本質」で明らかなように、生命を失って擬制化した思想に死をもたらし、新たな哲学精神、さらには時代精神の再生を求めるという趣旨であって、『哲学批判誌』が正しい。同誌は全二巻各三部計六冊で号数が前後して市販されたが、第二巻三部で何の通知もなく廃刊されたが、主たる理由はシェリングがイエナを去ることになったためと考えられている。

以後ヘーゲルの関心はアカデミックなものに集中していく。『人倫の体系』の文体は、イエナ後期の体系草案群への先駆である。つづいて、いわゆる『実在哲学I』と『論理学・形而上学・自然哲学』（LMN）とが前後して書かれるが、主たる部分について言えば『実在哲学I』が一八〇三年の秋から冬に、その間『神的三角形について』の後、『LMN』は一八〇四年夏と一八〇四-〇五年冬に書かれている。そして『精神現象学』、『実在哲学II』、ノートが若干。書簡はイエナ期全体で四九通。――『実在哲学I、II』という書名は、ラッソンが、イエナでのヘーゲルの講義題目から考えてつけたものであるが、その後、Iについては妥当しないことがわかって、『実在哲学I』は最近の大全集（「ドイツ研究集団」版）では『思弁哲学体系――自然哲学・精神哲学講義草稿からの断片――』となっている。

期待したイエナはヘーゲルにさまざまの苦痛を与えた。まず生活苦、彼の給料は当時の学生の生活費に較べて約半額、遺産を食いつぶす気のヘーゲルにもつらかった。金のためにも本を書く必要があった。しかし『精神現象学』執筆の途中でナポレオン軍による戦火がせまってきた。さらに本の誕生に先んじて下宿の女主人ブルクハルト夫人からは、ヘーゲルの庶子ルートヴィッヒが誕生した。彼の『法の哲学』には「内縁関係では主として自然的衝動を満足させることがねらいである」（第一六三節補遺 Suhrkamp. VII. S. 314）とある。しかしイエナで彼はいわゆる〈馬上の世界精神〉を見る。

〔ヘーゲルからニータンマーへ〕「一八〇六年一〇月一三日、月曜、イエナ。フランス軍によってイエナが占領され、皇帝ナポレオンが城壁内に入った日。この前の水曜と金曜に〔『精神現象学』の〕原稿を送ったことで私がどれほど心配しなければならなかったか、日付から考えておわかりでしょう。——昨晩日没前私は〔……〕フランス軍のパトロールが発砲するのを見ました。プロシア軍は〔……〕闇の中を追われて行きました。射撃は二時すぎまでつづき、そして今日八時と九時の間にフランスの散兵が、一時間後に正規軍が侵入してきました。この一時間が不安の一時間でした。〔……〕貴方の義姉妹の夫人は〔……〕心配しただけで済んで御無事です。〔……〕彼女は今、宿舎に一二人の将校をかかえています。皇帝——この世界霊魂《ヴェルトゼーレ》——が町を通り馬で陣地偵察に行くのを僕は見ました。ここの一点に集中しながら、馬にまたがり、世界を圧倒し、支配する個人を見るというのは、実に不思議な気持のするものです。〔……〕木曜から月曜にこのような進軍をするなんて、驚嘆せざるをえません。こうした例外的な男にとってのみ可能なことなのです。〔……〕

まったく外面的な見込みからして、水曜〔八日〕と金曜〔一〇日〕に発送した私の原稿が届くかどうかは疑わしいのです。〔一八日までに原稿を渡すことが出版者との約束になっているので〕もしそんなことになれば私には大変な損失です。貴方が〔印税の〕総額の一部分でも現金で支払われるように確かめられ、失権の期限があまり厳格にならないようにして下さることを私は切実に願っています。〔……〕

追伸、夜一一時。私が寄宿している〔……〕家から、フランスの砲兵隊が屠殺台やら古物やらで広場いっぱいに拡げた火の列が見えます。」

七　バンベルクとニュルンベルク時代

ヘーゲルは各地の大学に新しい就職口を求めるが、二月庶子誕生、三月大学閉鎖という状況で金銭的に極度に切迫し、ニータンマーの紹介でバンベルクの新聞編集者の職に就く。一八〇八年一二月までつづくバンベルク時代の作品には『抽象的に考えるのは誰か』のみで、書簡は二八通、シェリングへの最後の書簡が含まれる。――収入は保証されたものの、激務に加えて占領下の検閲があり、「新聞という奴隷船から逃げ出してしまいたい」(一八〇八年九月一五日『書簡集』)と嘆くヘーゲルを「救出」したのは再びニータンマーであった。彼は中央視学官としてミュンヘンに転任しており、「公共教育施設設立の一般的基準《ノルマティフ》」を構想していた。ヘーゲルはこの「基準」にもとづく新設ギムナジウムの校長としてニュルンベルクに赴任する(一八〇八年一二月)。「シェリングという親くらげから離れた」(『報告』S. 87)ヘーゲルはここで初めて彼の壮大な体系の概要を形づくる。体系構想にはニータンマーの「基準」もある影響を及ぼしている。

「基準《ノルマティフ》」より。「本質的な課題は生徒を思弁哲学へと導き、段階的な演習《ユーブング》を通して、生徒が――大学教育の始まりとなる――哲学の体系的な研究に熟達する地点にまで指導することである。〔……〕下級のクラスでは思弁的思惟の演習の始まりは、哲学の形式的な部門、つまり、論理学をもってなされるとよい。」これにひきつづいて、宇宙論、自然神学、心理学、倫理学と法の概念があり、「ギムナジウムの上級クラスでは最後に、思弁的思惟の前もって取り扱われた対象が、哲学的エンチクロペディーにまとめ上げられなければならない。」(Suhrkamp. IV. S. 598f.)

当時（一八〇八―一三年）の講義ノートによって死後に編まれたのが『哲学予備門』であり、後のエンチクロペディーの構想はほぼできあがっている。そして『論理学』の出版（一八一二年初頭、一二月、一八一六年の三分冊、第一回が有論の部で、これは後に大幅に書き加えられる。初版の写真版はGöttingen, Vanderhoeck & Ruprecht, 1966.）。そして一八一一年九月一六日、二〇歳のマリー・フォン・トゥッヘルと結婚。婚約者にヘーゲルは詩二篇を贈ったが、その一つの末尾部分を掲げておく。


「かくあらば、狭き絆は我等を隔ち、胸の血潮ぞただ犠牲なる。

我を汝へ、汝を我へと拡げんがため、我等を個別ならしむるもの、燃え尽きよ。

命ただ、愛の内に愛を創る互《かたみ》の命なればなり。das Leben ist nur Wechselleben.

親和なる心に心を委ねてこそ、胸の裡、おのが力で開くものなれ。

精神は、自由なる山巓《さんてん》に出で立ちて、ことごとく我なるものを捨離したり。

我は汝に我を観て生く。汝は我に汝を観て生く。

かくてこそ天上の幸、我等が喜び。」（一八一一年四月）

ニュルンベルク時代の作品としては、右に挙げたものの外、一八〇九年から一六年までに校長としての「講話」六回、「進上書」四通、書簡は四三通、うち二通がマリーに献じた詩である。

八　ハイデルベルク時代

ナポレオンによる〈革命の輸出〉の結果生まれた新興国バイエルンでは、新旧両勢力の暗闘がつづけられていた。ニータンマーは、プロテスタントを代表するとみなされた改革派だった。しかし一八一六年四月、彼はカトリック派との政争で決定的な敗北をした。彼の斡旋でエルランゲン大学をねらっていたヘーゲルは、ベルリン大学にも手を回したが旧友フォスの縁で、ちょうどヘーゲル哲学に興味をもちはじめていた神学者ダウプに招かれてハイデルベルク大学に赴任することになる。一八一六年一〇月移転したヘーゲルは、その年の冬学期に「エンチクロペディー」と「哲学史」を講じ、翌一七年一月に『ヤコビ著作集〔第三巻〕について』が出て、夏学期には近刊の『エンチクロペディー』を用いて「論理学・形而上学」、「人間学と心理学」、「美学」を講じている。それ以外の講義題目としては「自然法と国家哲学」がある。一七年一一月、一二月に書かれた『ヴュルテンブルク王国地方民会――一八一五年、一六年の討論』は政治論文。書簡二五通。――政治論文とヤコビ論は彼が編集する『ハイデルベルク文学年誌』に掲載されたもので、後者は『信と知』で激しくヤコビを批判したヘーゲルが讃辞と批判とを公平に論じ切っている点に特色がある。青年ヘーゲルが形式的律法を犯したイエスへの心情的共感を示したのは、ヤコビからの影響であるが、彼は同時にスピノザ主義の風潮に「待った」をかけた『スピノザ書簡』の筆者でもあった。ヤコビの論点を承けて、なおかつスピノザを生かす道として、ヘーゲルの実体＝主体説が形成されたと見てよい。ここでのヤコビ論は彼の基本的立脚点の円熟を示すもので、『エンチクロペディー』の完成と相俟って、ヘーゲル哲学のベルリンにおける結実をすでに予告している。

九 ベルリン時代

「哲学する大臣」と言われたアルテンシュタインはプロイセンのシュタイン改革の一翼を担った貴族である。つまり上からの現実主義的な改革派であった。彼はプロイセンの初代文部大臣として一八一七年から三八年の二〇年間その職にあった。この期間はヘーゲルのベルリン時代（一八一八年一〇月から一八三一年一一月一四日の死亡まで）をおおう。

「私が公共教育の最高の任務に就任した際、私にとってもっとも重要な案件の一つは、フィヒテ教授の死によって空席となった哲学の講席を栄誉ある仕方で充たすことであります。それゆえこの点に鑑みて私は、貴殿が哲学部門の正教授として当帝国大学における講席をお受け下さるよう、招聘申し上げる次第であります。」（一八一七年一二月、アルテンシュタイン）

年俸二〇〇〇ターレル（因みにイエナでは一〇〇ターレルだった）、転任旅費一〇〇〇ターレル、しかも毎年の外国旅行費などあらゆる便宜をはかるという破天荒な条件であった。四八歳のヘーゲルは二七歳の妻、六歳の長男カール、旅の途中で四歳になった次男イマヌエルを伴って九月一八日ハイデルベルクを発つ。イエナに旧友を訪れ、ワイマールでゲーテに再会し、ニュルンベルクではかつての同僚に会い、ベルリン到着は九月二九日であった。

「私は今日はじめて哲学の教職をもって当地の大学に姿を見せるものであります。この職に私が呼ばれたのは国王陛下の御恩によるものですが、私がまさにこの時点において、まさに当地の地位を得て、広範な教壇活動に入るということが、私にとって特に望ましく喜ばしいということについて、前おきを述べることを許していただきたいと思います。

この時点について言えば、哲学が再び注目と愛を約束され、このほとんど沈黙していた学が再び声をあげるような状況が生じていると思われます。というのは最近までは、一方では、時代の困窮〔Not der Zeit〕があって、日常生活のささいな関心事があれほどまでに重大な問題にされていたし、また他方、現実のより高い関心事、すなわち、国民生活と国家の政治的全体を何はさておき再建し、救うための関心事と闘争があって、〔……〕精神の内的生命は安らぎを得ることができなかったからであります。〔……〕今や現実のこうした流動は砕けて、ドイツ国民一般があらゆる生きた生活の根底である国民性を救い出した以上、国家の内で、現実世界の統治と並んで、思想の自由な国もまた自立的に開花する時代が到来しております。」（一八一八年一〇月二二日開講の辞 GW18. S. 11f.）

彼は早速『エンチクロペディー』と『自然法と国家学』の講義をする。ベルリンではじめて講義題目に上ったものは『宗教哲学』、『世界史の哲学』、『神の存在証明について』（現在『宗教哲学講義』に採録）とである。

〔ヘーゲルからニータンマーへ〕「私どもは自宅で平和な家庭を営んで一緒に暮しています。定期的な来客はありますが、というわけで永い間こんなに静かな満足を味わったことはありませんでした。教授として私はまだほんの出だしのところをやったにすぎません。〔……〕まだやらなければならない事がたくさん残っています。昨日〔講義を?〕閉じました。これについてはまず貴方に第一報をお届けする次第です。ライプチヒ大市までにもう一冊の書物（節分けした私の『自然法』）を書くことになっています。」（一八一九年三月二六日）

しかしこの平穏はつづかなかった。三月二三日学生ザントのコツェブー殺人事件が生じ、ヘーゲルの助手ヘニングと親しい学生数名が逮捕され、ヘーゲルは、釈放や、時に身の危険を冒してまで面接に奔走する。

〔ヘーゲルよりハイデルベルク時代の友人クロイツアーへ〕「私はもう五〇歳ほどになる。この三〇年間というもの恐れと希望とで果てしなく不安に満ちた時代を過ごしてきた。恐れと希望とからついには脱け出せると希んでいた。しかし今や相変わらずそれがつづくのだと思わずにはいられない。それどころか、ふさぎこんだ時にはますます悪くなると思えるのだ。」（一八一九年一〇月三〇日）

〔ヘーゲルからヘニングへ〕「君を訪問したり、今日『掟なき仲間』〔ヘーゲルが加盟していて当局からは〈デマゴーグ〉とみなされていた団体〕で〔君が〕私のゲストになるほど私は自由になった。三時半頃に君に会えたらと思う。」（一八一九年一一月一三日）

有名な『法の哲学』序文が書かれた（多分書き直された）のが一八二〇年六月二五日、出版は翌二一年である。ベルリン時代の著書としてはこれ以外に『エンチクロペディー』（一八二七年二版、一八三〇年三版）が出たのみで『精神現象学』二版は冒頭部の朱筆で終った。政治論文『イギリス選挙法改正法案について』は、官報に一部掲載後、掲載停止、私的頒布は認められた（『報告』S. 498）。小品に『批判的文学誌設立について』、『ギムナジウムにおける哲学講義について』、『ヒンリックス宗教哲学序文』、『カトリック教を公に中傷することに対する訴えについて』、『悔い改めたものについて』、『バガヴァド・ギータの名で知られるマハバラータのエピソードについて』、『ゾルガー遺稿と書簡について』、『ハーマン著作集について』、『キリスト教の信仰認識との関係における無知と絶対知に関するアフォリズム、カール・フリードリッヒ・ゲッシェルによる現代哲学の理解への寄与』、『ヘーゲル学説もしくは絶対知および近代汎神論について』、『A・L・J・オーレルト、観念論、第一部』、『J・ゲレスによる、世界史の根底、組織、時代順について』がある。書簡一八八通。

ベルリンで三年ほど過ごすうちにヘーゲルの名声は高まり、有力な弟子たちがヘーゲルの立場で大学の講壇に立つようになった。各地からヘーゲルの名を慕ってくる聴講者もあった。母校テューービンゲン神学校の後輩D・シュトラウスもそんな一人であった。一八三一年一一月一〇日新学期の講義を始めたヘーゲルと会って名と出身地を告げるとヘーゲルは「ああ、ヴュルテンブルクの人ですね!」と心から喜んで故郷のことなど語り合い（『報告』S. 467）、彼に「歴史哲学」、「法哲学」の聴講許可証を与えたりした（『書簡集』IV, 1. S. 126）。

〔シュトラウスのメルクリンへの手紙〕「僕は今朝〔一一月一五日火曜日〕までシュライエル

マッヘルに会えなかった。彼がよくあるような調子で『来るのにコレラが恐くありませんでしたか』と尋ねたので僕は『〔……〕今では実際ほとんど終りです』と答えると、彼は『そうです。でもコレラはさらに一つの大きな犠牲を要求しました。ヘーゲル教授が昨晩コレラで亡くなられたのです』と言ったのだ。この時の印象を考えてみてくれ。この瞬間僕は、喪ったヘーゲルと較べてみて偉大なるシュライエルマッヘルがつまらぬ男に思えたのだ。面談は打ち切りになって僕は早々に退散した。僕が最初に想ったことは、〔……〕俺はヘーゲルのいないベルリンで何をするのか、ということだった。」(『報告』S. 466)

翌一六日水曜日、大学で葬儀が行われ、友人の牧師で、当時大学学長であったマールハイネケが追悼演説をした後、「かなりがやがやした一行」が墓地まで列をなして行く。「墓地は雪でおおわれ、右手は夕焼け、左手には月が登っていた。ヘーゲルが望んだように彼はフィヒテの隣りに安置された。」(シュトラウス『報告』S. 484)時代の嫡子となったヘーゲルはミネルヴァの梟《ふくろう》の飛び立つ黄昏に精霊《ガイスト》の国へと旅立ったのである。

Ⅰ　哲学の性格

本章では、ヘーゲルの哲学観とでもいうべきものを、第一節「時代の嫡子」、第二節「二元の超克」、第三節「絶対の確知」（体系的全体・絶対的形象・概念的学知）という視角から順次鳥瞰しておく。

ヘーゲルは、哲学というものを超時代的な存立態としてではなく、各時代精神の体現態として、あくまで歴史的な一形象であると観じていた。哲学は、しかし、時代の興隆期にではなく、各歴史的段階の没落期に現われる。哲学は、さながらミネルヴァの梟のように、暮れなずむ黄昏を待って飛び立つ。しかし、或る時代の没落期は、同時に、新しい時代の胎動期でもある。このかぎりでは、哲学は「嵐に先駆けて飛ぶ海燕である」と言うこともできよう。

ヘーゲルは、彼の時代が「誕生の一時代」であるという自覚に立脚して、時代の課題に応えようと図る。それは、抽象的に図式化していえば、デカルト哲学が象徴的に体現しているごとき、近代哲学流の二元論的発想の構図、この二元性を弁証法的に止揚して、真の理念的統一を確立することである。二元性の構図は、単に近代に特有なものではない。況《いわ》んや〈主観・客観〉図式に尽きるものではない。普遍と特殊、有限と無限、自由と必然、等々、等々、それは多岐多様なかたちで定在する。ヘーゲルはこれら二元性を「主観性と客観性とを包越する絶対的精神」に定位して超克しようとする。この絶対的同一者は、しかし、すべての牛を黒くする闇であってはならず、「同一性と区別性との同一性」でなければならない。――ヘーゲルは先行哲学との対質を通じて、かかる構案を対自的に提示する。しかし、彼の絶対的観念論の背後には、彼一流のクリストロギー、わけても三位一体の教説に関する彼固有の哲学的合理化の意想が介在している。（キリスト教に対するヘーゲルの態度には、青年期に或る屈折もあり、正統派神学の立場からはいずれにせよ多分に異端的と見做されざるをえまい。しかし、彼本人としては真のキリスト教的立場を自認するに至っていた筈であるし、少なくともわれわれ非キリスト教文化圏の眼で見るとき、彼の哲学は意想外なほどの深度でキリスト教の合理化と相即《そうそく》的である)。本書の性格上、いわば〝前意識〟に属するこの方面については、特段の章句は含まれていないが、読者は恒に、父なる神と子なるイエス・キリストとの、疎外的分裂と聖霊における有和的統一という範式を念頭において読み進められると便利であろう——。

ヘーゲルの哲学体系は、この範式を汎通的に貫徹せしめることによって、一種の汎神論的な図柄を呈する。「真理は全体」であり、従って、学知は体系的全体であることを要求される。哲学が対象とするこの全体的真理は、宗教の対象と別ものではない。それは芸術が対象とするところのものとも別ではない。しかし、当の対象を芸術は直観という形式で、宗教は表象という形式で把えるのに対して、哲学はそれを概念という形式で把え返す。けだし、「哲学と宗教とは内容を同じうする」とされ、「哲学は芸術と宗教との統一である」とされる所以である。——哲学は絶対者の概念的認識であるという際、この絶対者はかの「神・人」の範式で理解さるべきであって、そこでは認識者たる人間が「絶対知」の高みにまで帰入《きにゅう》している次第なのである。

本章の行文は、次章以下に対する予備階梯《かいてい》として、稜線画というよりもむしろ、幾つかの点景描写の補綴になっている。所掲の各断片には、直線的な脈絡は存在しないものと承知のうえで縦覧いただきたい。編者の思惑では、後論を通じて、本章での点景がやがて或る纏まった景観を現出する筈である。

哲学は、他の諸科学が恵まれているような便益、すなわち、その対象を表象によって直接に容認されたものとして前提したり、また認識を始め認識を進めていく方法をすでに許容されたものとして前提したりできるというような便益をもってはいない。なるほど、哲学はさしあたり宗教と対象を共有してはいる。両者ともに真理を対象にしており、しかも、神が真理であり、神のみが真理であるという最高の意味における真理を対象としている。〔……〕

しかしながら、思惟的考察をしてみれば直ちにわかることだが、思惟的考察というものは自分の内容の必然性を提示し、自分の対象の諸規定のみならず対象の存在そのことをも証明しようという要求を裡に含んでいる。それゆえ、対象をよく知っているだけでは不十分であり、また前提や臆断を立てたり押し通そうとしたりすることは許されない次第である。が、そうなると、端初〔始元〕を作ることの困難が生ずる所以となる。けだし、端初は直接的なものとして、思惟的考察の前提を作るというよりもむしろ、それ自身前提であるからである。

（『エンチクロペディー』〔序説〕第一節　GW20. S. 39）

自己自身を以って始める哲学にとって、一種の前庭《フォルホーフ》が設けらるべきだということであれば、綜体性の再構築という哲学のこの要求こそが哲学の前提だと言うことができよう。今日、絶対的前提とやらについて喋々されているが、人が哲学の前提と呼んでいるのは、この要求のことにほかならない。

（『差異』GW4. S. 15）

第一節　時代の嫡子

ここがロードスだ、ここで跳べ。

哲学の課題は、あるところのもの〔*das was ist*〕を概念的に把握することにある。というのは、あるところのものは理性だからである。個人に関していえば、あらためていうまでもなく、誰しもその時代の子であるが、哲学もまた、その時代を思想というかたちで把えたものである。哲学が現在の世界を超え出たつもりになるとすれば、それは個人が自分の時代を跳び超え、ロードス島を超えて外に出ようと夢想するのと同様に愚かである。当人の理論が実際にその時代を超え出るとすれば、そして彼が一つのあるべき世界を樹てるとすれば、それはなるほど在るにはあろうが彼の私念のなかに在るというにすぎない。（『法の哲学』序文　GW14, 1. S. 15）

真なるものは、本性上、その時が来れば、いやが応でも罷り通る。真なるものはその時が来たときにのみ現われ出るのであり、それゆえ、拙速に現出することもなければ未熟な公衆しか見出さないということもない。われわれはこのことを固く信ぜざるをえない。

（学の体系序文──『精神現象学』序文 GW9. S. 49）

真なるものは、それ自身にまで導かれるのに〈あんよひも〉を必要としない。いわば自力で登場すべく、自分のうちに力をそなえているはずである。

（「哲学的批判一般の本質」GW4. S. 123）

哲学は、その発生、流布、繁栄、衰微、復興の歴史をもつ。教祖と祖述者の歴史、また論敵の歴史をもつ。さらには、しばしば宗教に対する、時にはまた国家に対する外的関係の歴史をももつ。〔……〕わけても、哲学が絶対的真理の教説であるとすれば、それが総じてみれば少数の諸個人に、特定《ベゾンデレ》の諸民族に、特定の諸時代に限ってこれまで出現してきたということにはどういう事情がはたらいているのか、という興味ある問題が提起される。

（『哲学史』Suhrkamp. XVIII. S. 26）

哲学に対して、政治史、国家体制、芸術、宗教が有する関係は〔……〕これらのものが哲学の原因であるとか、逆に、哲学がそれらのものの基盤《グルント》〔根拠〕であるとかいうことではなく、

むしろ、それら全部が時代の精神という一個同一の共通の根をもっているのである。〔……〕

哲学というものはその時代と全く同一である、ということが以上から帰結する。哲学はその時代を超えない。哲学はその時代の実体的なものの知である。時代の息子たる個人が彼の時代を超えないのもそれと同断である。彼自身の本質たる、彼の時代の実体的なもの、それをば個人は彼流の形式で表出する。が、誰しも自分の皮膚を脱け出せないのと同様、自分の時代を真に超え出ることはできない。反面ではしかし、哲学は形式の面でいえばその時代を超える。というのは、哲学はその時代の実体的精神であるところのものの思惟として、この時代の精神を自分の対象とするからである。哲学がその時代の精神のうちにあるかぎり、当の時代精神こそ哲学にとって既定の現世的内容である。

(『哲学史』 Suhrkamp. XVIII. S. 74)

われわれの時代が誕生の時代であること、新紀元への過渡の時代であること、これを看取するのは別段困難なことではない。精神は、その定在においても表象活動においても、旧来の世界と絶縁しており、そしていままさに、それを過去へと葬り去り、自己を形成し直す仕事に着手しようとしている。精神は、たしかに、決して休止することなく、不断に進歩していく運動のうちにあるのである。とはいえ、子供の場合、胎児として永らく静かに養われつづけたのち、呱々の声をあげて、それまでもっぱら量的に漸増してきた進行過程の漸次性を中断して――質的飛躍——いまや子供が生まれ出るのと類比的に、精神は新たな形姿へと、静かに緩やかに自己形成を遂げつつ熟成していき、自分に先行する世界を組み立てていたものを、一片一片わずかずつ解体していく。世界の動揺はまだ個々の徴候によって暗示されているにすぎない。現存のもののあいだに蔓延している軽佻と倦怠、未知のものへの漠とした予感、これらは何かしら〔既存のものとは〕別の或るものが近づいていることの予兆である。この漸次的な崩壊過程は、まだ全体としての相貌を変えるには至っていないが、旭日によって截断され、暁天一閃、新世界の結構が一気に立ち現われるであろう。

（『精神現象学』GW9. S. 14f.）

近年、哲学の周囲には、迷惑至極にも群集が——高見の見物だけではなく、参加を図ろうとして——蝟集《いしゅう》していた。彼らが次第に退散し始めるにつれて、真の学は、自分自身に立ち返り、収斂の生きた中心点を形成しつつ、非哲学とは永遠に訣別する時宜を得ることになった。哲学が実際に見出した普遍的な関心、普遍的ならびに個別的な人間生活の形成〔教養〕に対して、哲学のもつ偉大なる世界市民的な関係と影響、哲学がかつての偉容を再建し、学問という学問からほとんど失われてしまっている思弁的性格を回復する営み——これらは現状ではまだ、とうてい実効性のある結果をもたらすには至っていない。ありとあらゆる特殊的関心を、そして、一般に、時とともに次第に見られるようになってきたありとあらゆる分離、つまり生きた全体の個別的部分への分離を、哲学が綜体性へとつれ戻し、そのことによって特殊的なものとしては否定《フェルニヒテン》するというにはほど遠い。それどころか綜体性はこれら特殊的なものに、みせかけの生命の新しい〔栄養の〕補給をつくり出すのに自己が利用されるのを甘受せざるをえない始末であった。そして特殊者を綜体性それ自身の真只中の奥深く沈めこむかわりに、むしろ綜体性が自己をかかる特殊者にまで拡張し、自己を浅薄なものにしてしまった。――なかんずく、非哲学の消極的性格に対置して哲学の範疇的本質を叙述し、哲学と文化全体との接触点のすべてを可能なかぎり顧慮にのぼせ、普遍的教養のあらゆる部分を絶対者の内へ採り入れ、そしてあらゆる学問の真の再生への展望を哲学によって拓くこと――これこそが、ここに公告する定期刊行哲学誌〔『哲学批評誌』〕が依って哲学に関心をもつ世間の尊崇を確保し、同時代人の協賛を得べく以って努める所以のものである。今日哲学を自称しているもののうちにはわれ自から哲学と断絶し哲学から完全に離脱してしま〔……〕っているものがある。その一方、或る少数のものどもは、筋違いの水路を掘ってまで何とか得ようとしてきた哲学からの些々たる流入の余慶で露命をつないでいるが、この最後の援けが遮断されるや、枯渇し死滅するであろうことと必定である。その暁には、ついに純正の道が拓かれ、批判の手のもとで、真の哲学の基盤がおのずと形成されうるに至り、真の哲学が静穏に擡頭するであろう。

（『哲学批評誌』の予告　一八〇二年　GW4. S. 503f.）

哲学の生成と展開は、外的な歴史という特有の形態《ゲシュタルト》において、この学の歴史として表象される。この形態は、理念の展開諸段階に、偶然的な順序とか、諸原理〔……〕の差異とかいった形式を与える。とはいえ、数千年にわたるこの労働の職工長は、ただ一つの生動的な精神であり、この精神の思惟する本性たるや次のごときものである。すなわち精神がそれであるところのものをそれ自からの意識にもたらし、こうして、意識を対象とすることによって、同時に既にそれ〔対象となっている意識〕を越えて高まり自からのうちにおいて高次の段階となっている、という態のものである。哲学の歴史は、現出するさまざまな哲学に即して、一部は相異なる形成諸段階にあるただ一つの哲学を提示し、一部は特殊的な諸原理は——これの一つが一つの体系の根底に横たわるのであるが——一個同一の全体の諸分肢にすぎないことを提示する。時代の上で最終の哲学は、先行したあらゆる哲学の成果であり、従ってありとあらゆる哲学の諸原理一切を含んでいる。それゆえ、いやしくも哲学である以上は、この最終の哲学こそ、最も展開された、最も豊かで、最も具体的なものである。

一見したところ、非常に多くの相異なる〔さまざまな〕哲学があるように見えるが、われわれは普遍的なものと特殊的なものとをその真の規定に従って区別しなければならない。もし普遍的なものを形式的にとって特殊的なものと並置するならば、普遍的なものもそれ自身特殊的な或るものとなってしまう。日常生活の場での対象物をもしそのように取り扱ったとすれば、それが不適切・不手際であることはおのずと目にとまるであろう。たとえば、果物を欲しがる者が、それが桜桃、梨、葡萄等々であって果物ではないという理由で、桜桃、梨、葡萄等々を拒んだらどうであろうか。ところが、哲学となると、哲学にはさまざまな哲学があって、各々の哲学は哲学の一つにすぎず、哲学なるものではないということを理由にして——まるで桜桃は果物ではないかのように——哲学を拒むのを人々は容認してしまっている。

（『エンチクロペディー』〔序説〕第一三節　GW20. S. 54f.）

世界が如何あるべきかを教えることに関してなお一言つけくわえておけば、哲学はどのみち、それを教えるには、到来するのがいつもおそすぎる。世界の思想である以上、哲学は、現実がその形成過程を完了し己れを仕上げ終えたあとの時点になってはじめて出現する。これは概念の教えるところであるが、歴史もまた必然的に次のことを示している。すなわち、現実が熟成したところではじめて、観念的《イデアール》なものが実在的《レアール》なものに対向して現われ、この世界をその実体において把え、自分向けのものとして、これを一つの知的な王国の姿に構築するのである。哲学が世界の灰色を灰色に描くとき、生の姿はすでに老いている。それは、灰色に描かれた灰色で以って、若返らさるべくもなく、ただ認識されるだけである。ミネルヴァの梟は暮れそめる黄昏を俟ってはじめて飛び立つ。

（『法の哲学』序文　GW14, 1. S. 16）

民族が一般にその具体的生活を抜け出て、身分上の分離と区別を生じ、その民族が没落に近づくとき、あるいは内的努力と外的現実とのあいだに亀裂が現出し、宗教等の従前の形態がもはや不十分となり、精神が自己の生動的な実存に対する無関心を表明したり、ないしは不満をいだきながらそのうちに留まっていて、人倫生活が解体するとき、そこではじめて哲学的思索がおこなわれるようになる。精神は、思想圏に逃避し、現実界に対立して思想の王国を自から構築する。

哲学は、そこで思想が開始した堕落の有和となる。〔……〕哲学がその諸々の抽象でもって、灰色に灰色を描きつつ登場するとき、青春の清新と生命の息吹きは、すでに去っている。従って哲学の有和は現実における有和ではなく、観念的世界における有和である。〔……〕

このことは哲学そのものの歴史によって確証される。〔……〕小アジアのイオニア諸国家の没落とともにイオニアの哲学がはじまった。ソクラテスやプラトンはすでに没落の運命に見舞われていたアテナイの国家生活に何の喜びも感じなかった。〔……〕こうしてアテナイにおいてはアテナイ国民の堕落とともに、そこに哲学の現出する時代が開始する。ローマにおいては、本来のローマ生活の没落、すなわち共和国の没落とともに、ローマ皇帝の専制政治のもとで、はじめて哲学が流布した。〔……〕アレクサンドリアの新プラトン派の哲学者たちによる古代哲学の高度な、いや極めて高度な発達は〔……〕ローマ帝国の没落と結びついていた。一五、一六世紀においても同様であって、中世のゲルマン生活が他の形式を獲得したとき、そうしていまや国家と教会との亀裂が生じたとき、そこにはじめて哲学がまずは詰めこまれるようになった。〔……〕このように哲学は教養・文化全体の特定の時代的段階にのみ現われるものなのである。

（『哲学史』 Suhrkamp. XVIII. S. 71f.）

絶対者は、その現象である理性がそうであるのと同様、永遠に一個同一のものである以上、自己自身を目ざし、自己を認識しおえた理性は、いずれも一つの真の哲学を産出し、その解決と同じく、あらゆる時代を通じて同一の課題を解いてきた。自己自身を認識する理性は、哲学においては、ただ自己自身としか関わりをもたないのであるから、その活動と同様その全成果《ヴェルク》も理性自身のうちにある。そして哲学の内的本質についていえば、先行者もなければ後続者もない。

（『差異』 GW4. S. 10）

第二節　二元の超克

われわれは意識そのものを、意識の内において能動的なものとして現象するものと、意識の内において受動的なものとして現象するものとの統一と見るのであるから、対立の相で現象する意識を、一方は主観的なもの、他方は客観的なものというように見ることは、われわれにとって何の意味ももたない。われわれは、自己を有機的に組織化している意識の諸契機を、主観の側面にもとづいて、能力、傾動、情熱、衝動、等々といった形式で見るようなことはしないし、また、対立のもう一方の側面にもとづいて、それらを事物の規定性として見るようなこともしない。われわれは意識が両者の統一と媒辞《ミッテ》〔中項〕として絶対的に対自的である相を見る。意識そのもののうちに、能動的なものの受動的なものに対する運動が在る。しかし、意識は、この運動そのものとして、対立項が観念的・即自的にのみではあるが止揚されたものとなるような一者である。意識のあらゆる契機は、能力、傾動として能動的な相にあるとともに、もう一方の諸規定としてもある。〔……〕

いわゆる実在論といわゆる観念論とが形成されるのは、全くこうした対立の観点に定位してのことである。両者は、或るものが色彩であるのは、客体においてであるか、それとも、主体においてであるか、意識の能動性の側面に基づくものなのか、それとも受動性の側面に基づくものなのか、ということをめぐって相分かれる。〔……〕実在論は、存在する類似性の比較という形式的な活動性しか主体に認めないし、観念論は、対立の観念的な側面を、絶対的に実在するもの、絶対的な実体として対自的〔自存的〕に存在するものだとみなして、客体には何も認めない。こうした没理性的な係争に関して、理性的なものとしてはそもそも何をか言わんやである。

（『実在哲学I』 GW6. S. 290ff.）

独断論的観念論〔……〕は、そもそも客観というものを否認し、対立的措定の一方の項たる主観を自己流に規定して絶対的なものとして定立する〔……〕が、それは独断論――これの純粋なかたちでいえば唯物論――が主観的なものを否認するのと同断である。

もし、対立的措定の一方の項を否認し、絶対的に捨象することによってもたらされるような同一性、こういう同一性をひたすらに求める欲求が哲学的思索の根底におかれるとすれば、主観と客観のどちらが否認されようと等価である。両者の対立的措定は意識のうちにあるのであり、どちらの実在性も意識に基づけられている。〔観念論者の〕純粋意識も独断論者の物自体も、経験的意識のうちには証示されないということにかけては、どっちもどっちである。主観的なものも客観的なものも、それだけでは意識を充当しない。純粋に主観的なものは、抽象であることにかけては、純粋に客観的なものと同断である。独断論的観念論は主観的なものを客観的なものの実在根拠として定立し、独断論的実在論は客観的なものを主観的なものの実在根拠として定立する。

（『差異』 GW4. S. 40f.）

デカルト哲学は、わが北西世界〔北西部ヨーロッパ・独仏〕の近代文化のうちに現われた普遍的包括的な二元論を哲学の形式で表現したものであった。人間の公共生活の多分に静穏な変革、ならびに多分に声高な政治的・宗教的革命一般は、旧来の生活全般の凋落たるこの二元論の、色変わりの外面にすぎない。こうしたデカルト哲学が体現する一般的文化に抗して生きた自然〔本性〕のあらゆる側面が救いの手だてを求めざるをえないのと同様に、哲学もまたこのデカルト哲学に抗して救いの手だてを求めざるをえなかった。この方面で哲学がこれまでやってのけたことに対して、それが純粋で公然たるものである場合には人々は憤怒をもって扱い、それが陰微で混乱したものである場合には、そうであるだけに悟性はそれを軽くあしらって、旧態依然たる二元論的なものにつくり変えてしまうのであった。あらゆる学がこの〈死〉を基盤にしてきたし、それらのうちでまだしも学的であったもの、それゆえ少なくとも主観的には生きていたものを時代はすっかり殺害してしまった。この殺害されたものが直ちに哲学の精神そのものではないにしても、精神がこの大洋に沈められ、押しこめられて、それだけにかえって次第に伸びゆく翼の力をますます強く感ずるようになっている次第である。そのうえ諸学の、つまり理性に見棄てられた悟性の建造物の退屈さが――ちなみに悟性は最も悪辣なことに、啓蒙的理性とか道徳的理性とかいう匿名を用いて、ついには神学をも破滅させていたのだが――表面的な膨張を全く耐えがたいものにしている。そこで少なくとも火のひとしずくへの、生きた直観の集中への、この豊かなもの〔諸学〕の希求がかきたてられざるをえない。また、この死せるものが充分永い間認識された後では、理性によってのみ可能となる生あるものの認識への希求がかきたてられざるをえない。

（「哲学的批判一般の本質」GW4. S. 126f.）

精神と物質、心と身体、信仰と悟性、自由と必然、等々という形式での対立が〔……〕教養の進展とともに、理性と感性、知性と自然、〔……〕絶対的な主観性と絶対的な客観性という対立の形式に移行していった。

固定されたこのような対立を止揚すること、それこそが理性の唯一の関心事である。しかし、この関心には、あたかも理性が対立的措定や制約一般に背を向けているといったような意味はない。というのは、生というものは永遠に自己を対立措定的に形成するものであり、それゆえ必然的な分裂は生の一要因をなしているからである。そして綜体性は、最高の分離からの再生という仕方によってのみはじめて最高の生動性〔という在りかた〕のうちに在ることが可能なのである。〔……〕

合一する力が人間の生から消失し、対立項が、その生動的な関連と交互作用を失って、自立性を獲得するに至ったとき、哲学の欲求が生起する。固定化した主観性と客観性という対立的措定を止揚し、叡知界と実在界という既成化した存在を、生成として把握し、所産としてのそれらの存在を産出として把握することは、その限りでは偶然事であるが、しかし分裂がすでに与えられている情況のもとでは、必然的な試みなのである。生成と産出の無限の活動を通じて、理性は分離されていたものを合一し、絶対的な分裂を、根源的な同一性によって制約された相対的分裂に格下げする。

（『差異』GW4. S. 13f.）

神の思想には神の存在が結びついているという命題、さしあたり思想がもっている主観性には客観性が直接的かつ不可分に結びついているという命題は、形式上とくに興味深い。〔……〕哲学はこのような統一を証明しようとして、すなわち存在ないしは客観性と不可分であるということが、思想の本性ないしは主観性そのもののうちに存するということを示そうと努めるものである以上、〔……〕哲学としては自分の命題が意識の事実であり、それゆえ経験と一致するということが主張され、呈示されるということに満足の意を表せざるをえない。

(『エンチクロペディー』〔予備概念〕第六四節　GW20. S. 104f)

思弁的なものは、その真なる意味から言えば、暫定的にも究極的にも、単に主観的なものではない。それどころか明らかに、それは悟性がそこに立ちどまっているところのかの諸対立を(従って主観的なものと客観的なものとの対立をも)止揚されたものとして自分の内に含むものであり、まさしくこのことによって、自己を具体的なものとして、綜体性として証示するものである。それゆえ思弁的な内容は、一面的な命題では言い表わすことができない。たとえば、絶対者は主観的なものと客観的なものとの統一であるというとすれば、これはたしかに正当《リヒティヒ》ではあるが、しかし、ここではただ統一が語られているだけで、この統一という面にアクセントがおかれているかぎりでは一面的である。実際には、主観的なものと客観的なものとは単に同一的であるのみならず、また区別的でもあるのである。

(『エンチクロペディー』〔予備概念〕第八二節補遺　Suhrkamp. VIII. S. 178)

二元論は、知性の学に充分従うことができるし、それにもかかわらず事物を固有の本質として認めることもできる。この目的のために、二元論は事物の固有の本質のかかる体系としての自然の学を受け容れることができる。二元論にとっては知性の学も自然の学も、それぞれの望み通り妥当する。両者は平和的に併存して根をおろす。しかし、これによって絶対者の学であるという両方の学の本質は看過されてしまう。なぜならば、絶対者は決して併存ではないからである。

（『差異』GW4. S. 68）

＊

有限と無限の対立を克服できないとみなす二元論があるが、この対立が克服できないとすれば、ここでいう無限が直ちに、二つのうちの一つ、つまり特殊者〔……〕にすぎないものになってしまうという分かりきったことが、そういう二元論では考察されていない。有限者と並んでいるような無限者〔……〕は、まさに有限者と併存するというそのことによって、この有限者において制約・限界をもっているのであって、自称するような無限者ではない。それは無限者ではなく、有限的なものにすぎない。〔……〕このような二元論では有限者がそれだけで確固として存立している。それは、無限者によっていわば触れられれば無くなってしまうであろう。ところが有限者は無限者に触れられえないとみなされている。両者の間には深淵、越え難い溝があって、無限者は端的にあちら、有限者はこちらにじっとしているとされる。〔……〕ここでは無限進行が表わしているのと同じことが生じている。つまり、ひとたびは有限者は即、かつ対自的ではない。有限者には自立した現実性、絶対的存在は帰属しない〔……〕と認めておきながら、次には、すぐにそれを忘れて、有限者が無限者にただ対立し、端的にそれから分離されて、絶滅をまぬがれて自立的にそれだけで存続するものと表象されているのである。

（『エンチクロペディー』〔小論理学〕第九五節　GW20. S. 131f.）

真無限は規定性が自己を止揚する、すなわち $a - A = 0$ という要求の実現されたものである。真無限は、つねに他のもののうちで完成されるが、しかしこの他のものを自己の外部にもつところの〔無限〕系列ではない。そうではなくて、この他者が規定されるものそのものに即してあるのである。

規定されたものとはそれだけで絶対的な矛盾である。そしてこのことが規定性の真の本質なのである。つまり、対立の一方の項がそれだけで存在するというのではなく、それはただ自己に対立するもののうちにおいてのみあり、つまりただ絶対的対立のみが存在するということなのである。この対立するものはしかし、ただ自己に対立するもののうちにおいてのみ存在するのであるから、そのうちで自己を抹殺してしまう。そしてこの他方のものも同様に自己を抹殺してしまう。

絶対的対立、〔真の〕無限性は、規定されたものの絶対的自己内反照復帰である。つまり、規定されたものは自己自身の他者であり、ということは、他者に対してそのものが独立して無関係であるような他者一般ではなく、直接的な反対物であり、規定されたものは他者であることによってそれ自身なのである。このことのみが、有限者は無限であり、自己の存在において自己を止揚するという有限者の真なる本性なのである。規定されたものはそれ自体、それがあるところのものではないということの絶対的な不安以外のいかなる本質をももたない。

（『論理学・形而上学・自然哲学』GW7. S. 33）

無限集合とか無限の延長とかの悪無限が表現している矛盾は、矛盾そのものの承認という域を出ない。たしかに一つの矛盾が存在する。しかしこの矛盾つまり無限性そのものは、存在していない。無限集合や無限の延長は、二つの交代する項を止揚すべしという要求にまでは達する。しかしまた要求までにしか達しないのである。〔無限延長で〕一つの限界が定立される。そうすれば純粋の単一性は〔他者との関係が生ずる結果〕廃棄されてしまう。再び〔その他者を包括して〕純粋な単一性が回復されたとする、するとその限界が廃棄されてしまう。無限集合においても、あらゆる規定性を超えて他の規定性が〔登場し〕、またこの規定性を超えて再び〔以下同様という事態になる〕。多数の定量もしくは、多数の質の〔集合としての〕存立は、それら多数のものに汲み入れられない単一性〔統一〕という彼岸を端的にもっている。この単一性が存立するものに汲み入れられてしまえば〔集合としての存立は個々のものに解体し〕単一性は存立するものを廃棄してしまう。〔従って〕集合は、存立せんがためにこの彼岸を自己内に汲み入れるわけにはいかず、さればといって彼岸から解き放たれて自己を超え出ていくことをやめるわけにもいかないのである。

諸規定または諸限界は単一性〔統一〕を自己の外部に、つまり一個の彼岸として定立することによって、自己〔の存立〕を維持しているように見える。しかしそれらにとって自己維持つまり自己の存立のために単一性というこの彼岸が不可欠である以上、それらはこの彼岸と本質的に関係している。それらがこの単一性を排斥したり、自分で自分を維持したりすることも、本当は〔真理においては〕その単一性と一つになっているということなのである。つまり、ここに定立されているものこそ真無限もしくは絶対的な矛盾なのである。

（『論理学・形而上学・自然哲学』GW7. S. 30f.）

〔真の〕無限は、自から自己自身に関係する自己規定、内在的な自己自身の規定性の定立である。

（『哲学予備門』〔中級のための論理学〕GW10, 1. S. 30）

真の無限者は、自己の他者のうちにおいて自己の許にある〔憑自〕ということに成り立つ。

つまり、過程として言い表わせば、他者のうちにおいて自己自身に至ることである。

（『エンチクロペディー』〔小論理学〕第九四節補遺　Suhrkamp. VIII. S. 199）


無限を円という図形で表象してきたのは至当である。というのは直線はどこまでもどこまでも先にすすんで、真無限のように自己内への還帰をもたない、たんに消極的な悪無限を表示するだけだからである。

（『法の哲学』第二二節補遺　Suhrkamp. VII. S. 74）


要するに、〔真の〕無限性とは、関係《フエルヘルトニス》そのものである。無限性、すなわち単純関係《ベチーウンク》〔有〕の実在性、この関係の綜体性である。〔……〕無限性をなすところの全体は自から他者となるとともに、自己内に反照〔反省〕しなければならない。たとえ自己内で分割され、区別されても、しかしこの区別を同時に止揚しつつ、無限性は無限に〔絶対的に〕自己自身となるべき単純体である。

（『論理学・形而上学・自然哲学』GW7. S. 36f.）

＊

理念は(a)過程であるから、〈有限者と無限者、思惟と存在、等々の統一〉という絶対者に対する表現は、〔……〕誤りである。というのは、こういう〈統一〉は〈抽象的な、静止的に固着した同一性〉を表わすからである。理念は(b)主体性である。この理由からしても右の表現は誤りである。なぜなら右に謂う〈統一〉は、真なる統一の即自態、それの実体的なものを表わすからである。そうなると無限者は有限者と、主観的なものは客観的なものと、思惟は存在と、単に中性化されたかたちで現われる。しかし理念の否定的統一においては、無限者は有限者を、思惟は存在を、主観性は客観性を超えて包括《ユーバーグライフェン》〔包越〕する。理念の統一は、主観〔主体〕性、思惟、無限性であり、この点で実体としての理念から本質的に区別されねばならない。それは、この包越的な主観〔主体〕性、思惟、無限性が、自らを根源分割〔判断〕しつつ、規定しつつおちこむところの、一面的な主観性、一面的な思惟、一面的な無限性から区別されねばならないのと同様である。

（『エンチクロペディー』〔小論理学〕第二一五節　GW20. S. 218）

真の思弁でありながら、しかし、体系におけるその完全な自己構成にまで透徹していないものは、必然的に絶対的同一性から出発する。主観的なものと客観的なものとへのこの絶対的同一性の分裂は、絶対者の産出〔活動〕である。根本原理はそれゆえ完全に超越論的である。そしてこの根本原理の観点からすれば、主観的なものと客観的なものとの絶対的対立などというものは存在しない。しかしそれゆえに、絶対者の現象は一つの対立的措定なのである。絶対者はその現象の内にあるのではなく、絶対者とその現象という両者そのものが対立的に措定された相で存在する。現象は同一性ではない。この対立的措定は超越論的には止揚されえない。つまり、即自的にはいかなる対立もないという風にしては止揚されえない。もしそうだとすれば現象はただ否定されるのみであろうが、それにもかかわらず、ともあれ現象は存在するものと主張される。そこで絶対者は現象において自己から脱け出ているのだと主張されたりする。というわけで、絶対者が現象そのものの内に自己を定立せざるをえない。すなわち現象を否定するのではなく同一性へと構成せざるをえないのである。（『差異』 GW4. S. 32）

第三節　絶対の確知

哲学の本来の始まり《アンファング》は、絶対者がもはや表象としてあるのではなく、自由な思想が絶対者を思惟するのみならず絶対者の理念を把捉するところにおかれねばならない。すなわち、自由な思想が存在（これはまた思想でもありうる）を把捉し、その存在を諸物の本質として認識し、すべてのものの絶対的な綜体性と内在的な本質として把捉し、それによって〔……〕この存在を思想として把捉するところ、そこに哲学の本来の始まりがある。その意味で、ユダヤ人が神として思惟した（あらゆる宗教は思惟である）単純な非感性的な本質は哲学の対象ではない。むしろ、たとえば次のような諸命題、つまり諸物の本質または原理は水だ、火だ、あるいは思想〔ヌース〕だ、といったような諸命題のほうが哲学の対象である。

（『哲学史』 Suhrkamp. XVIII. S. 116）

私が思惟的に認識し、意思する場合には、〔……〕普遍的な対象を、〔つまり〕即かつ対自的に理性的なものである実体的なものを意思しているのである。こうして、われわれは、ここに客観的な側面、すなわち概念と、主観的な側面とのあいだに即自的に存在する合一を見る。この合一の客観的な現存在が国家にほかならない。その意味で、国家は、民族生活の他の諸々の具体的な側面、すなわち、芸術、法、風習、宗教、学問の基礎であり、中心点なのである。いっさいの精神的活動はもっぱら、この合一を、すなわち自分の自由を意識するようになることを目的とするものである。ところで、この意識的な合一の諸形態のうち、その頂点に位するのが宗教である。現実に存在する精神、すなわち世俗的な精神は宗教において絶対精神を意識するのであり、また人間の意思は、この即かつ対自的に存在する本質を意識することにおいて、自己の特殊的な利害を断念するのである。すなわち、意思は信心〔帰依〕することにおいて自己の特殊的な利害は捨て去ることになる。〔……〕人間は犠牲を捧げることによって、自分の財産、自分の意思、自分の特殊的な感情を放棄〔外化〕していることを表明する。それで、心情が宗教的に熱中するとき、それは感情の形をとるが、それはまた追思惟〔瞑想〕に移って行く。そして礼拝はこの追思惟の表出である。客観的なものと主観的なものとを精神において合一する第二の形態は芸術である。芸術は宗教よりも、現実性や感性に入りこむところが多い。芸術は神の精神を叙述するものではないが、神の姿を、それからまた神的なもの、精神的なものの一般を叙示することを本領としている。神的なものが芸術によって直観的になる。芸術は神的なものを想像と直観に提示してみせる。

真なるものは、しかし、宗教の場合のように、表象と感情の対象となり、芸術の場合のように直観の対象となるにとどまらず、また思惟する精神の対象ともなる。こうしてわれわれはここに合一の第三の形態、すなわち哲学をもつことになる。哲学はそのかぎりにおいて最も高い、最も自由な、また最も英明な形態である。

（『歴史哲学』Suhrkamp. XII. S. 68f.）

第一項　体系的全体

体系なき哲学的思索はなんら学問的なものではありえない。体系なき哲学的思索はそれ自身としてはむしろ主観的な意見の吐露にすぎず、あまつさえ、内容からいえば偶然的なものである。内容は、全体のモメントとしてのみ権利づけを得るのであって、全体を離れては、根拠づけを欠いたままの前提か、でなければ、主観的な確信にすぎない。多くの哲学的著作は、そういう〔没体系的な〕仕方で、単に意見や私念を語ったものという域にとどまっている。――体系というと、他の哲学のそれとは違った一つの限られた原理をもつ哲学という意味に誤解するむきもあるが、実際は逆であって、あらゆる特殊的な諸原理を自分のうちに含むということが真の哲学の原理なのである。／

哲学の各部門はいずれも一つの哲学的全体であり、自己内で自から完結する円であるが、そこでは哲学的理念は或る一つの特殊的な規定態あるいはエレメントのうちにある。個々の円は綜体性を自己内に統括しているものであるから、それは自己のエレメントの障壁をつき破って、より広い圏域を基礎づける。従って全体は、各々が必然的な一モメントをなしているところの多くの円からなる一つの円としてあらわれ、諸円に特有なエレメンテの体系が全体としての理念を形成する。

（『エンチクロペディー』〔序説〕第一四、一五節　GW20. S. 56）

哲学の要求は、あらゆる固定した対立の否定の原理に徹し、制約されたものを絶対者へと関係づけることに徹することによって充たすことができる。〔……〕

しかし制約されたものは多様であるから、制約されたものの絶対者へのこの関係は多様である。それゆえ哲学的思索は、この多様性そのものを関係の中におくということにならざるをえない。知の一綜体、学の一体系を産出しようという要求が生ぜざるをえない。体系が構築されることによって初めて、右にいう諸関係の多様性が、偶然性から解放されるが、それというのも、この諸関係が知の客観的綜体性の聯関のうちに座を占め、それの客観的な完全性が成就されるからである。体系にまで構成されていない哲学は、諸制約からのたえざる逃走である。哲学的思索は、むしろ、理性の――己れを確信し、己れについて明晰になる自己認識としての

——自由への格闘なのである。自由な理性とその行為とは一つのものである。そして、理性の活動は、自己自身の純粋な叙述なのである。

理性のこのような自己産出において、絶対者は己れを一個の客観的綜体性へと形成する。そしてこの客観的綜体性は〔イ〕自己自身の内に全体を荷い、完結しており、〔ロ〕自己の外にいかなる根拠をももたず、〔ハ〕自己自身を通じて、その始元と中間と終局において基礎づけられている。かかる全体は、諸命題と諸直観の有機体として現象する。理性の綜合の各々と、それらに対応する直観とは、ともに思弁において合一されるのであるが、意識〔主観〕と没意識〔客観〕の同一性として、それ自体で絶対者の内にあり、無限である。しかし同時に、それが客観的綜体性の内に定立され、他者を自己の外にもつかぎりでは有限であり、制約されている。〔……〕理性、すなわち（理性であるかぎりでは客観的な）綜体性の能力は、〔対立の相でみられるかぎりでの〕相対的な同一性であるものをそれへの対立者によって完全化し、両者の綜合によって新しい同一性を産出するが、この同一性自身が再び理性の前では欠陥のある同一性であって、再び補完〔全体化〕される。こうした、綜合的とも分析的とも名づけられない、体系の方法は、理性そのものの展開として現象したときに、最も純粋な姿であらわれる。〔……〕このようにして体系は完全な客観的綜体性にまで進展し、この客観的綜体性をそれに対立する主観的綜体性と合一して無限の世界直観とするが、この無限の世界直観の輻輳はそれによって同時に、最も豊かで、最も単純な同一性へと収斂されてもいるのである。

（『差異』 GW4. S. 30f.）

真なるものは体系としてのみ現実的であるということ、あるいは、実体は本質的に主体であるということ、これは絶対者とは精神なりと言い表わす考えのうちに表現されている。この意味での精神は、最も崇高な概念であり、近代とその宗教に属するものである。

精神的なもののみが現実的なものである。それは〔イ〕本質ないし即自的に存在するものであり、〔ロ〕自から関わりつつ規定されているもの、他在でありつつしかも対自存在である。〔ハ〕精神とはこういう規定態つまり外自存在のうちにおいて自己自身にとどまっているものであって、それは即かつ対自的に存在する。

しかし、精神がこういう〈即かつ対自的な存在〉であるのは、当初はわれわれにとって、あるいは、即自的にであって、それは精神的実体である。が、それはそれ自身にとって〔対自的に〕もそうあるようにならねばならない。すなわち、精神的なものの知、しかも、精神的なものとしての自己の知であらねばならない。言いかえれば、それは自分にとって対象としてありつつ、しかも、同時に直接的に止揚された対象、自分自身に反照〔復帰〕した対象としてあらねばならない。それの精神的内容が精神自身によって産出されているという事態のかぎりでは、精神が対自的であるのはわれわれにとってのことにすぎない。しかし、精神が自分自身にとっても対自的であるようになれば、この自己産出、純粋概念は精神にとって同時に、精神がそこで自分の定在を得るところの対象的なエレメントをなす。このようにして精神は、自分の定在のうちにありつつ、自分自身にとって自分のうちに復帰している対象となる。このように自己を展開し、自己を精神として知る精神、それが学〔Wissenschaft 体系知〕である。学とは、精神の現実態であり、精神が自己固有のエレメントにおいて建設する王国である。

（学の体系序文――『精神現象学』序文 GW9. S. 22）

哲学が、深い経験的知見や、法の理性的な現実性、純朴な宗教および敬神と対立状態にあるかのように思うのは、悪しき先入見の一つである。哲学はこれらのものを承認するばかりか、正当化しさえもするのである。思惟する才覚はむしろそれらの内容のうちに沈潜し、自然や歴史や芸術の偉大な観方に対する場合と同じく、それらのものから学び、それらによって自分を強化する。というのは、これらの真正の内容は、それが思惟されるかぎり、思弁的な理念そのものだからである。

（『エンチクロペディー』第二版への序文 GW20. S. 6）

第二項　絶対的形象

哲学は、芸術と宗教との統一である。ただし、芸術の形式面における外的な直観方式、生産の主観性、多数の自立的諸形姿《ゲシュタルテン》への実体的内容の分散、このようなありかたが宗教の綜体性において――宗教では展開していく離散と展開されたものの媒介が表象においておこなわれるのだが――単に一つの全体へと統合されるだけでなく、統一されて純一な精神的直観となり、そうして自己意識的思惟へと高められているかぎりで、哲学は芸術と宗教との統一である。この学知〔哲学〕は、そのことによって、芸術と宗教との、思惟しつつ意識された〔能知的所知である〕概念であり、この概念にあっては、内容において相異なるものが必然的なものとして、また、この必然的なものが自由なものとして認識されている。

（『エンチクロペディー』〔精神哲学〕第五七二節　GW20. S. 554f.）

理性は信仰の侍女であるとは、かつて人々が唱し、それに対して哲学が頑強に自己の絶対的な自律を主張した当のものであったが、こうした考え方や表現は昨今では見られなくなった。そして、理性なるものが〔……〕実定宗教において非常な権勢をもつようになっており、実定的なもの、奇蹟やその類に対する哲学の抗争ですら、既済の蒙昧とみなされるほどである。〔……〕しかし問題は、勝利者である理性が、粗野な国民の勝利をもたらす強さが、教養ある国民の敗北をもたらす弱さに対して一般に有するあの運命を、すなわち、外的な支配では優勢を得ていても精神的には征服されてしまうという運命に陥っていないかということである。啓蒙する理性が、その宗教把握の短かすぎる物差しで、信仰とみなし、それが己れの敵だとみなしたものに対して得たあの栄光に充ちた勝利は、明るいところで見ると、理性が闘いを挑んだ実定的なものが宗教ではないし、勝利した理性が相変わらず理性でありつづけるわけでもないということ、そしてこの屍の上に〔……〕両者を合一する誕生児が真なる信仰も理性もそれ自体もってはいないということが見てとれる。

　理性は宗教をただ実定的なものとしか把えず、観念論的《イデアリスティシュ》に把えないことによって、もうどうしようもなく〔即かつ対自的に〕没落してしまったが、この理性にできることといえば、せいぜい、闘いをおえていまや自分をみつめること、自己認識を達成し、次のようにして自己のむなしさを承認することである。すなわち、この理性は悟性にすぎないのであるから、カント、ヤコビ、フィヒテの哲学において現にみられたように、自分よりもすぐれたものを信仰における彼岸として自己の外部に、自己を超えて定立すること、そして理性が再び信仰の侍女となることがそれである。〔……〕

普通なら哲学の死とみなされるもの——理性が絶対者における自己の存在を断念すべきだとみなされ自己をひたすら絶対者から閉め出して、絶対者に対してただもっぱら否定的にふるまうということ——こうしたことが、いまでは哲学の最高の点となっている。啓蒙主義のむなしさが、そのむなしさについての意識化を通じて体系に仕立てあげられている。

（『信と知』 GW4. S. 315f.）

芸術とその作品は、精神に源を発し、そこから生まれたものであり、たとえその表出は感性の仮象を採り入れ、感性的なものに精神を浸透させたものであるにしても、芸術とその作品それ自身は精神的な性質のものである。この点においてすでに、芸術は単に外的な精神なき自然よりも精神とその思惟により近い座を占めている。精神が芸術的生産物において関わりをもつのはただ自己のもの〔精神的なもの〕とだけである。たとえ芸術作品は思想や概念ではなく、概念の自己自身からの発展であり、感性的なものへの疎外〔Entfremdung〕であるにせよ、思惟する精神の力は、自己自身を思惟としての特有な形式において把握するのみならず、同時にまた自己自身を感情と感性への自己の外化〔Entäußerung〕において再認識し、自己をその他者において概念的に把握するところに存するのであって、その際精神は疎外されているものを思想に変じ、かくして自己にひきもどすことによってそれをおこなうのである。しかも、思惟する精神は、自分自身の他者とこのように関わりあう過程において決して自己に不忠実になって他者のうちで自己を忘却し放棄するのではなく、また自己とは違ったものを把捉しえないほど無力なのでもない。精神は当の過程で自分と対立物とを相共に概念的に把握するのである。けだし概念は普遍的なものであるが、この普遍的なものはその特殊化においてなお自己を保持し、自分と他者とを二つながら手中に収める態の普遍的なものであり、かくして、疎外にむかってすすみながらも、同時にまたふたたび疎外を止揚する力であり活動であるような普遍的なものである。かくして思想が自分自身をそこにおいて外化している芸術作品も、概念的思惟の領域に属するのであり、精神はそれを学的考察のもとにおくことによって、芸術作品においてもっぱら自分自身の最も固有な本性の慾求を満足させるのである。けだし思惟こそが精神の本質であり概念であるから、精神は自分の活動のあらゆる産物に思想をも浸透させ、かくしてはじめて真に自分のものとした場合にのみ、精神は究極の満足を得るのである。ただし、芸術は、後にもっとはっきりみるように、精神の最高の形式であるというにはほど遠いのであって、学においてはじめて芸術の真の認証がおこなわれるのである。（『美学』 Suhrkamp. XIII. S. 27f.）

宗教の対象は哲学のそれと同様、客観性の相における永遠の真理そのもの〔die ewige Wahrheit in ihrer Objektivität selbst〕、つまり神である。〔……〕哲学は世俗の知恵〔Weisheit der Welt〕ではなくして、非世俗的なものの認識であり、決して外的な物質の認識や経験的な定在や生活の認識ではなくして、永遠なるもの、神であるところのもの、神の本性から流露するところのものの認識である。というのも、神の本性は自から啓示され展開されずにはおかないからである。哲学は、それゆえ、宗教を説明することによってもっぱら自からを説明するのであり、また自からを説明することによって宗教を説明するのである。哲学は、即かつ対自的に在る永遠の真理に取り組むものとして、しかも、この対象に恣意や特殊的な関心から取り組むのではなく、思惟する精神として取り組むのであって、そういうものとしての哲学は、宗教と同じ活動である。そして、哲学するものとして精神は、宗教と同様に生々とこの対象に沈潜し、宗教的意識がそうするのと同様、自己の客体に透徹することによって、己れの特殊性を棄却する。宗教的意識と同様というのは、宗教的意識もまたわが物をもとうとはせず、もっぱらこの対象の内容に沈潜しようとする点においてである。

かくして、宗教と哲学とは帰一する。哲学は、実際、それ自身神事〔Gottesdienst 勤行〕であり、宗教である。というのは、哲学は神との取り組みにおける主観的な思い付きや私念を宗教と同様に断念する。哲学はかくて宗教と同一である。が、哲学がそうであるのは固有の仕方においてであるという点に相違がある。〔……〕神を取り扱う仕方のこの固有性において両者は相異なる。この点において、哲学が宗教と一つであるということがそもそも不可能だと思われかねないほど大きそうにみえる困難がある。そこから、哲学に対する神学の側からの危惧が生じ、宗教と哲学との敵対的な立場が生ずる。〔……〕これはすでにギリシアにおいてみられる旧くからの対立・矛盾である。アテナイ人、この自由で民主的な国民のもとにあってすら焚書がおこなわれ、ソクラテスは死刑に処せられたのであった。〔……〕

この対立がいかに旧くからのものであろうとも、哲学と宗教との結合もまた旧くからのものである。異教徒の世界の内部で成立した新ピタゴラス派や新プラトン派の人々にとってすら、国民の神々はすでに幻想の神々ではなく、思想の神々になっていた。その後、宗教と哲学との結合は、教父たちのうちでも最もすぐれた人々のあいだでおこなわれた。〔……〕キリスト教教会は、そういう教父たちの哲学的教養に、キリスト教教義の内容の第一の端初を負うている。

宗教と哲学とのこの結合は中世に一層推進された。人々は概念的認識は信仰にとって有害であるなどとは思いもしなかったのであって、信仰そのものを継続的に展開していくうえで概念的認識を以って本質的なものとみなしていたほどである。アンセルムスやアベラールのような偉大な人々が、哲学から出立して信仰の規定をより一層立派なものに仕上げていったのであった。

（『宗教哲学』 Suhrkamp. XVI. S. 28f.）

第三項　概念的学知

精神の終局的な自己内反照〔復帰〕、これが知を形成するところのものであるが、この反照の本性はすでに生じている。絶対的宗教〔啓示宗教としてのキリスト教〕において表象された精神は意識の〈自己〉へ移行していた。この意識はそれ自身これまた自己を本質として認識しているが、これは己れの対自存在に閉じこもった本質《ヴェーゼン》が、そこから排除されたもの、つまり即自的に存在する存在《ヴェーゼン》者に対立するという仕方においてであった。〔すなわち意識の存立は対立にある〕。しかし、〈自己〉におけるかの自我＝自我は、自己の対自存在の単純性・自己自身との同等性であって、それゆえ即自存在である。この即自存在がこの反照において精神に移行する。

かの第一の運動〔精神が意識の〈自己〉へ〕は絶対的宗教そのものの内容であった。第二の運動〔意識の即自が精神へ〕は自己意識の側に属するので、われわれはそれを自己意識の前もって現われていた仕方として想起したのである。この〔第二の〕運動はそれゆえ、この精神の現実性に属する契機であり、しかもそれの終局的な自己内反照〔復帰〕が可能になるための条件の一つをなす契機であるとみなされねばならない。

知の概念を形成する上述の諸契機のうち一方〔第一の運動〕はまだわれわれ〔観察する哲学者〕に属している。

（『精神現象学』の「絶対知」のための改訂異稿　GW9. S. 438）

啓示宗教の精神は自分の意識そのものをまだ超克していない。同じことであるが、その精神の現実的自己意識は自分の意識の対象にはなっていない。総じて精神そのものが、そして、精神のうちで区別されている諸契機が、表象に、そして、対象性という形式に陥ったままである。この表象作用の内容は絶対精神である。そこで、この単なる形式を止揚すること、これだけがなお残された問題である。〔……〕／

かくして、宗教において内容であったもの、ないし、他者を表象する作用の形式であったもの、このものがいまやここでは〈自己〉自身の行為である。概念がそれを結びつけて、内容が〈自己〉自身の行為となる。というのは、この概念は、われわれのみるところ、〈自己〉の自分の内における行為が全実在〔Wesenheit〕であり全定在であることとの知であり、この主体が実体であることとの知であり、実体がそれの行為のこういう知であるからである。われわれがここで付け加えたものは、一つには、各々がその原理において精神全体の生命を現示しているような個々の契機の蒐集、もう一つには、概念を概念の形式で確保すること、この二つだけであって、この概念の内容はかの諸契機のうちに、そして、当の概念は意識の或る形態という形式で、すでに自から生じていたものなのである。

精神のこの終局的な形姿——この精神たるや、自己の完璧で真なる内容に、同時に〈自己〉の形式を与え、そのことによって自分の概念を実現し、この実現態にありながらも自己の概念のうちにとどまっているものなのであるが——そういう精神の終局的な形姿が絶対知である。それは自己を精神の形姿において知る精神、言いかえれば、概念的に把握する知である。真理は確知と即自的に完く相等しいばかりでなく、自己自身の確知という形姿をもっている。すなわち、真理は自からの定在の相にあり、換言すれば、知る精神にとって、自分自身の知という形式をとっている。真理とはこういう内容、すなわち、宗教においてはまだ自分の確知と相等しくなっていなかった当の内容である。この相等性が成り立つようになるのは、内容が〈自己〉という形姿をもつことにおいてである。このことによって、本質そのものであるところのもの、すなわち概念が、定在のエレメント、つまり、意識にとっての対象性の形式になる。精神がこのエレメントにおいて意識に現象するもの、ないし、この場合同じことであるが、意識によってこのエレメントのうちにもたらされるもの、それが学〔体系知〕である。

（『精神現象学』 GW9. S. 422, S. 427f.）

真理と自己自身の確信とのこうした統一、すなわち知は、それ自身、知の運動がそこで繰り展げられるエレメントである。このようにエレメントとして解された知をわれわれは絶対的な概念と名づけることができる。対自的な知であるこの知は、当の自己意識であると同時に普遍的な自己意識である。知の内容が、自己意識の否定者たる存在という契機によって、ことさらに特徴づけられるかぎりで、この知は認識と呼ばれる。しかし全体としては、それは絶対知、つまり自己を精神として知る精神である。

（『精神現象学』の「絶対知」のための改訂異稿　GW9. S. 441）

＊

絶対的理念こそ哲学の唯一の対象であり、内容である。絶対的理念は、あらゆる規定性を自分のうちに含むものであり、その本質は自己規定または自己の特殊化を通じて自分に復帰するところにあるから、絶対的理念はさまざまな形姿をとる。哲学の任務は、理念をそういう諸形姿において認識することにある。

自然と精神とは一般に理念の定在を現示する相異なる二様式である。芸術と宗教とは、絶対的理念が自分を把握し、自分に適合した定在を得るための別の様式である。哲学は芸術や宗教と同一の内容、同一の目的をもつ。しかし哲学は絶対的理念を把握する最高の様式であるというのは、哲学のそれは最高の様式、すなわち概念だからである。だから哲学は、あの実在的な有限性と観念的な有限性との諸形姿、ならびに無限性と神聖との諸形姿を自分のうちに包容するのみでなく、これらの形姿と自分自身とを概念的に把握する。ところで、これらの特殊的な諸様式を導出し認識することは特殊的な哲学的諸学に課せられた更なる任務である。絶対的理念の論理〔das Logische〕も、これまた絶対的理念の一様式と呼ぶことができる。しかし前記の各様式が特殊的な在り方を、すなわち形式の一規定性を表わすものであるのに対して、この論理はすべての特殊的な様式を自分のうちで止揚し、包みこんでいるところの普遍的な様式である。論理的理念は、その純粋な本質のうちにある絶対的理念そのものである。すなわち、単純な同一性において自分の概念のうちに閉じこもっており、まだあれこれの形式規定性における映現という姿をとっては現われないところの、純粋な本質のなかにある絶対的理念そのものである。

論理学〔Logik ロゴスの学・術〕は、それゆえ、絶対的理念の自己運動を、ただ根源的な言葉〔Wort ロゴス〕として叙述するものである。この根源的な言葉は外化〔Äusserung 表出〕であるが、この外化たるや、まさしく外化としてあることによって、外的なものとしては直ちに消滅しているといった態のものである。それゆえに理念は、ただこのような自己規定のうちにおいてのみ自からの言葉を聞く〔vernehmen → Vernunft 理性〕。すなわち、理念は純粋思想のうちにあるのであって、そこでは区別はまだいかなる他在でもなく、自分〔区別〕にとって完全に透明であり、透明でありつづける。――それゆえに論理的理念は、自分を無限な形式として自身の内容とする。――この形式は次の意味でのみ内容に対立する。すなわち内容が、自分のうちに這入り込んでしまい、同一性のうちに止揚された形式規定としてあり、そのためにこの具体的同一性が、形式として展開された同一性に対立するものとみなされるかぎりにおいて、この形式は内容に対立するのである。内容は形式に対して他者または所与という形姿をもつが、この際いうところの形式は形式として端的に関連に立ち、形式の規定性は同時に仮象として定立されている。

絶対的理念そのものは、もう少し詳しくいえば、次のこと、すなわち形式規定が絶対的理念自身の完全な綜体性であり、純粋概念であるということをその内容とする。そこで、理念の規定性と、この規定性の全過程とが論理の学の対象をなしてきたのであって、この対象の過程から絶対的理念そのものが対自的に〔それ自身として〕出現したのであった。絶対的理念は、しかし、それ自身としては次のようなものであることが明らかになった。すなわち、規定性は内容という形態をもつものではなく、端的に形式としてあるものだということ、従って理念は端的に普遍的な理念としてあるのだということである。

(『大論理学』 GW12. S. 236f.)

哲学的考察法は普通の種類の論議や推理や思想の進行とは違ったものであり、その点についてわれわれの立場を正当づける必要があるかもしれない。ところが、ここで問題になっているのが哲学的な学なのだということをはっきり言明しておけば、それでもって正当づけということの普通の観方は除外してしまうことができよう。というのは、哲学的な学はその概念をそれ自身から正当づけるよりほかに方法がないからである。哲学的方法においては、他の思想的規定や表象や見解も、それらが何か必然的なものを含むかぎりにおいては、すなわち、それらが単に空虚な思い付きではなくて本質的なものであるならば、この哲学的な学そのもののなかでそれぞれの位置がおのずと明らかになるという具合になっている。それらは哲学的考察においては、その必然性とその関連において呈示されざるをえないのである。この点からみれば、われわれは外在的な表象を出発点とすることを見合わせ、直ちに事象そのものを論ずることから始めることができよう。

（『美学』 Lasson Bd. 10a. S. 6）

Ⅱ　視座と方法

本章では、ヘーゲル哲学の視座と方法について、第一節「実体は主体」、第二節「理性は現実」、第三節「弁証の理法」という順序で概観する。

ヘーゲル哲学の視座は、真実在を単に実体としてではなく同様にまた主体としても把えるべしというテーゼ、実体＝主体、主体＝実体というこのテーゼに集約されると言っても過言ではないほどである。このテーゼには幾条かの発想が輻輳しているが、存在論的にみるとき、主観と客観、普遍と個別、等々の二元的対立を統一的に把え返そうという構えになっていることは容易に認められよう。ヘーゲルは、スピノザ流の実体のヤコビ式の把え返しという文脈で説いたりもしているが、いずれにせよ原型的な発想の範式は、彼流に諒解した三位一体の構図に溯源できる。尤も、彼の場合、一種の汎神論的な拡張がおこなわれており、ギリシア哲学流の実体観とヘブライ・キリスト教の人格神の思想との特有な結合を帰結している。卑俗にいえば、プラトン的なイデア、普遍、本質、第二実体を、不動不易のものとしてではなく、それ自身自己運動する主体、自己疎外と自己回復の主体として把え直したものと定位することもできよう。ヘーゲルとしては、このテーゼに象徴される視座に立つことによって、いわゆる「普遍論争」（すなわち、普遍と個別のいずれが真実在であり、またそれはいかなる仕方で存在するのか、をめぐる中世哲学以来の大論争）に関して、彼なりの立場で応えている。——尚、このテーゼには命題論上の脈絡での含みも籠《こ》められている。すなわち、実体といい主体といっても、ギリシア語の大本に溯れば同じ言葉（ヒュポケイメノン）であり、それはつまり、存在論的には属性を担う基体であるが、命題論的には述語に対して主語となるものである。ヘーゲルとしては、〈主語・述語〉関係を伝統的発想とは別様に処理しようとする。この方面については第三章の論脈内で触れる――。

理性的なものは現実的であり、現実的なものは理性的である、という命題は、主体＝実体、実体＝主体というテーゼの系論《コロラリー》ともみなせるが、ギリシア哲学流の「可能態《デュナミス》と現実態《エネルゲイア》」、および、なかんずく中世哲学における「本質《エセンチア》と実存《エクシステンチア》」問題との関連づけを明らかにしつつ、総じて議論に具体性をもたせる含みで、この有名な命題をヘーゲル自身に解説させたものが第二節である。

第三節では、ヘーゲル弁証法の一端を、第一項「意識の経験」、第二項「内在的方法」、第三項「矛盾の論理」という三つの視角から一瞥しておく。弁証法は単なる方法ではなく内容と不可分であるから、本書全体が弁証法に関わる。因みに、弁証法とはさながら、認識論と存在論と、語の勝れた意味における論理学との三位一体的な統一である。ここでは、しかし、同じく弁証法といっても『精神現象学』と『論理学』とでは位相差があることを勘案して、とりあえず外郭的な特徴づけを図った次第である。――ヘーゲルの弁証法を限どるに際しては、『哲学史』にみられる古代ギリシアの弁証法、すなわち、ゼノン・ヘラクレイトス・プラトンの弁証法への関説、および、『論理学』にみられるカントの弁証論、わけても二律背反論《アンチノミー》への関説を援用するのが好便であるが、紙数の関係もあってこれは割愛し、もっぱら追手筋に限った――。

本章の行文は、次章以下の〝本論〟に対して、序説ともいうべき内容になっている。〝序説〟ゆえの難解さは免れ得ぬとしても、前章における点描とは異なって、論趣は幾分見通し易くなっているものと念う。

哲学は、非本質的な規定は考察せず、規定が本質的なものであるかぎりにおいてそれを考察する。哲学のエレメントたり内容たるものは、抽象的ないし非現実的なものではなく、現実的なもの、自分自身を定立し、自分の内で生動するもの、概念の相における定在である。それは自分用に自分の諸契機を産出しては次々に通過していく過程であって、この運動の全体が、肯定的なもの、この生動する定在の真理を形成する。この運動は、それゆえ、否定的なものをも内に含んでいる。この否定的なものは——そういうものは捨象してしかるべきだとみなせるようであれば——虚偽と呼ばれもしようが、実はそうではない。それどころか、消失していくものは、それ自身本質的なものとして考察さるべきなのであって、それを、真なるものから切り離されていて、どこかしら真なるものの外部に捨ておかるべき或るもの、そういう固定的なものという規定で解してはならない。同様に、真なるもののほうも、偽とは別の側に静止している、死んだ肯定的なものとみなさるべきではない。現象とは生成・消滅にほかならない。が、この生成・消滅たるや、それ自身は生成も消滅もせず、即自に在り、真理の生命の現実性と運動を形成するような、そういう生成・消滅である。

　という次第で、真なるものは、どの項〔分肢、成員〕も酔わぬということなきバッコスの祭の乱舞である。この乱舞は、どの項も際立つがはやいか直ちに溶け込んでしまうので、透明で純一〔単純〕な静止でもある。上述の如き運動という裁きにかけられると、精神の個々の形姿も、特定の思想もどれ一つとして耐え切れないが、しかし、それらは否定的で消失していくものであると同時に、肯定的で必然的な諸契機をなしてもいるのである。運動の全体が静止として観ぜられる場合、運動のなかで自からを区別し、特殊的な定在をなすものは、内化〔記憶〕されたものとして保存される。この内化されたものの定在は自分自身についての知であり、この知もまたそれ自身直ちに定在である。（学の体系序文――『精神現象学』序文（＝W9. S. 34f.）

学の立場に立つためには、哲学的認識にみられる主観的で有限的な方式が孕んでいる諸前提を放棄することが是非とも必要である。謂うところの前提とは、第一に、対立的に措定される局限された悟性規定一般が固定的に妥当するという前提、第二に、所与の、先行的に表象されている既成の基体があって、この基体が右にいう思想規定〔悟性規定〕が自分に適合しているかどうかを判定する基準をなすという前提、第三に、認識とは、そういう既成の固定的な述語を何らかの所与の基体に関連づけることにすぎないという前提、第四に、認識する主観と、これとは一体ならざる客観とが対立していて、これら両者〔……〕の各々が自立的にそれ自身で、固定的で且つ真なるものである、という前提である。学の立場に立つためにはこれらの前提を放棄することが必要である。（『ハイデルベルク・エンチクロペディー』第三五節　GW13. S. 34）

第一節　実体は主体

真なるものを単に実体としてではなく、同様にまた主体として把捉し表現すること、〔……〕一切はこれに懸っている。同時に、次のことにも留意しなければならない。すなわち、実体性ということには、存在としての直接性〔無媒介性〕、ないし知に対しての直接性とともに、普遍的なもの、ないし知そのものの直接性も含まれているということである。

神を一個の実体として把えることは、かつてこの規定が立言された当時の人々を激昂させたが、その理由の一斑は、実体と規定したのでは自己意識が没却されてしまい保持されなくなるという本能的な気持に根差すものであった。他斑においては、しかし、思惟としての思惟、普遍性そのものに固執する逆の規定は、先のそれと同じ単純性、区別なき、不動の実体性である。そこで第三に、思惟が実体の存在を自己に合一させ、直接性ないし直観を思惟として捉え返すにしても、この知的直観がまたもや惰性的な単純性に逆もどりして現実性そのものを非現実的な仕方で叙述することになりはしないかということ、このことがやはり問題点となる。

生きた実体は、さらにいえば、真実には主体であるような存在である。同じことの言いかえであるが、生きた実体とは、それが自己定立の運動、つまり、自己の他者への転成を自分自身と媒介する運動であるかぎりにおいてのみ、真実に現実的であるような存在である。実体は、主体として純粋単純な否定性であり、まさにそのことによって、単純なものの分裂である。これは、言いかえれば、対立措定的な二重化であるが、二重化とはいってもそれ自身また、この無関心的な差別と差別項の対立との否定であるような、そういう二重化である。このような自分を回復する相等性、または、他在のうちにおいて自分自身へと復帰する反照〔die Reflexion im Anderssein in sich selbst〕、これこそが真なるものであって、根源的な統一性そのもの、つまり、直接的〔無媒介的〕な統一性そのものがそうなのではない。それは真なるものそれ自身の生成であり、自分の終局を自分の目的としてあらかじめ定立しておいて、その終局を〔循行の〕端初となし、〔循行運動の〕遂行によってのみ、そして自分の〔復帰した〕終局によってのみ現実的であるような円環である。

神の生命活動や神の認識活動は、それゆえ、自分自身との愛のたわむれとして言い表わすこともできよう。しかし、もしそこに、真剣、苦悩、否定的なものの忍耐と労働が欠けているとすれば、そうした想念は、説教話になってしまい、それどころか気の抜けたお話に堕してしまう。即自的には、神の生命活動は、なるほど自分自身との濁りなき相等性であり統一性であって、こうした在り方にとっては、他在とか疎外とか、疎外の克服とかいうことは何ら真剣な問題とはなるまい。が、しかし、この即自は抽象的な普遍態であって、そこでは、対自的にあるというそれの本性が度外視されており、それに伴ってまた、そもそも形式の自己運動ということが度外視されている。形式〔形相〕が本質と同じものとして立言されるとき、人がもし、認識は即自ないし本質だけで自足でき、形式は省くことができるという具合に思念したり、絶対的原理や絶対的直観は、原理の敷衍や直観の展開をしなくてもよいという具合に思念するとすれば、それはまさに当の立言に関する誤解というものである。本質にとって形式は、本質それ自身がそうであるのと同様に、本質的である。まさしくそのゆえに、本質は単に本質としてではなく、つまり、直接的な実体としてだけではなく、ないしはまた、神的なものの純粋な自己直観としてばかりではなく、同様にまた形式として、しかも展開された形式の豊かな全体相において、把握し表現されるのでなければならない。そのことによってはじめて本質は現実的なものとして把握され表現される所以となる。〔……〕

真なるものは全体である。全体というのはしかし、自らの展開を通じて自己を完成する本質のことにほかならない。絶対者については、それは本質的に成果であるということ、それは終局においてはじめて、それが真実にそれであるところのものになるということが言われねばならない。そして、まさしくそこに絶対者の本性、すなわち、現実的なもの、主体ないし自己生成であるという本性が存するのである。（学の体系序文――『精神現象学』序文　GW9. S. 18f.）

ヤコビは、〔……〕最高の直観が思惟の窮極的な真なる成果であること、首尾一貫した哲学的思索はいずれもスピノザ主義にいきつかざるをえないことを認識した。ところでいまやここに重大なちがいが出てくる。すなわち、〔イ〕一個の絶対的な実体を、必然的結果のいちばん身近かな〔直接的な〕形式にすぎないものとして把える立場と、〔ロ〕こうした形式を超出せざるをえない立場とのちがいである。〔……〕感性的意識によって受け容れられた客体は、有限な事物の信じられた存在である。しかし、理性にまで進んで行く意識は、直接的なもののこのような真理性を投げ捨て、感性の信仰を投げ捨てる。無限性にまで高められた存在は、思惟の純粋な抽象である。そして純粋存在のこうした思惟は感性的直観ではなくして、知的直観もしくは理性直観である。しかし無限の存在もこうした直接性においてはただ抽象的な、不動の、没精神的な存在である。それゆえ自己を自己自身から規定するものとしての自由なものが、あらゆる規定性がそこへと身を投じ粉々にくだけるかの深淵の内に見失われてしまう。自由は、自己にとって直接的に、即かつ対自的に規定する活動の無限の点としての人格性である。しかし、一個の純然たる実体においては、ないしは純粋直観――これは抽象的思惟と同じことだが

——においては自由の一側面しか含まれていない。すなわち、存在と意識の有限性から普遍性という単純なエレメントに辛うじて到達したにすぎないような側面が含まれているにすぎない。そこではまだ自己規定と人格性とは定立されていない。なぜならば、絶対的実体においては、自由と人格性の原理たる思惟が、存在や延長と同様、属性であるということは、何のたすけにもならないからである。実体はそれら属性の未分・不可分の統一であるがゆえに、実体の根本規定は再び単に直接性もしくは存在なのである。それゆえ、このような存在からは悟性や個別者への移行は何ら含まれていない。さらに切迫した要求として、絶対‐一者から神的属性への移行を示してほしいという要求がもちあがるかもしれない。しかし、このような属性があるということ、さらにはまた、有限な悟性や有限な構想力があり、この悟性や構想力のうちに個別的で有限な事物があるということは単に仮想されていることにすぎない。たしかに有限な事物の存在は不断に撤回されていき、真ならざるものとして実体の無限性のうちに沈められるのではあるが、この際有限な事物は、それ自身の否定性をこうして認識するための与えられた出発点の位置を占めるのであって、逆に、絶対的実体が、区別、個別化、個体化の出発点とみなされるのではない。〔……〕

しかしながら、実際の話、実体そのもののうちに区分の原理を看取させようとする単純な見方もある。実体が、いうなれば事実的に包んでいるところのもののあるがままの考察である。

すなわち、実体が、個々の事物――実体のうちに止揚され、解消されているところの個々の事物――の真理として認識されることによって、自由の源泉たる絶対的否定性は、実体そのもののうちにすでに定立されている規定とみなされる。この際、かんじんなことは一に懸って、否定の位置と意義とを正しく見定めておくことである。もしも、否定ということを単に有限な事物の規定性とみなすならば（全テノ規定ハ否定ナリ）、そういう見方では表象は絶対的実体から脱け出て、有限な事物を、この実体から落ちこぼれさせてしまい、当の事物を実体の外にもつことになる。〔……〕実体は否定の否定として絶対的な肯定であり、そのまま自由と自己規定でもある。

絶対者が、単に実体として規定されるか、それとも精神として規定されるかの相違はもっぱら次の点に存する。〔イ〕自分の有限性と媒介性を否定する思惟が、そういう自分の否定を否定し、そうすることによって唯一の絶対者を把えるに至っており、意識が絶対的実体の認識に際してすでに成就していたものを意識が所有するに至っているか、〔ロ〕それとも意識がこのような意識をもっていないかという相違である。〔……〕神は死せる神ではなくして生ける神である。神は〈生あるもの〉以上のものである。神は精神であり、永遠の愛である。しかも神がかかるものであるのはひとえに、神の存在が抽象的な区別ではなく、自分自身のうちで自から運動する区別であり、自己から区別された人格《ペルソン》〔位格〕のすがたにおいて自分自身を認識するはたらきであることによってである。神の本質が、直接的な、すなわち存在的な統一であるのは、それがかの永遠の媒介を統一へと永遠につれもどすかぎりにおいてのみであって、この〈つれもどし〉が、それ自身の当の統一なのである。（『ヤコビ著作集について』GW15. S. 9ff.）

国民〔民族〕の絶対的精神は、絶対的に普遍的なエレメント、あらゆる個別的意識を呑みこんだエーテル、絶対的で単純な生ける唯一の実体である。この実体は同じく活動的な実体でなければならない。そして実体は意識として自己を対立的に措定し、かつ、対立的措定者の現象する媒辞でなければならない。すなわち、対立的措定者が、そこで対立し合うとともに一つであるようなものでなければならない。対立的措定者はこのものに対抗《ゲーゲン》して活動的であるが、このものはそれらを否定する一者であり、この一者のそれらに対抗する活動が、それら自身の活動である。それは、この一者に対抗するそれらのものの活動が、精神の活動であるのと同様である。

国民の精神は自己を永遠に作品と化さねばならない。換言すれば、この精神は、ただ精神への永遠の生成としてのみ存在する。この精神が自から作品と化するのは、その内に活動が定立されることによるが、かくしてこの活動は、この精神に対抗する活動である。そして、精神に対抗するこの活動は、直ちに、この活動そのものの止揚なのである。

（『実在哲学I』 GW6. S. 315）

精神は絶対的に引き裂かれた状態において自己を見出すことによってのみ、はじめて自分の真理性を獲得する。精神がこの威力であるのは、否定的なものから眼をそむける肯定的なものとしてではなく、〔……〕否定的なものを正面から直視し、そのもとに足を止めることによってのみである。この否定的なもののもとに足を止めることが、それを存在へと逆転させる魔力なのである。この魔力は、先に主体と呼んだのと同じものであって、主体は自分のエレメントにおいて規定性に定在を与えるという仕方で、抽象的な直接性すなわち単に存在するだけの直接性を止揚し、そのことによって真の実体である。

（学の体系序文――『精神現象学』序文 GW9. S. 27f.）

第二節　理性は現実

哲学とは理性的なものの根本を究めることであり、まさしくそれゆえに、現在的で且つ現実的なものを把握することであって、彼岸的なものをうち立てることではない。〔……〕

理性的なものは現実的であり、
現実的なものは理性的である。

虚心坦懐な意識はいずれも、哲学と同様、この確信に立っているのであって、哲学は自然的宇宙の考察に際してと同様、精神的宇宙の考察においても、この確信から出発する。

（『法の哲学』序文　GW14, 1. S. 13f.）

私の『法の哲学』の序文には、理性的なものは現実的であり、現実的なものは理性的である、という命題がある。この簡単な命題は多くの人々に奇異の念をおこさせ敵意をもって受け取られた。しかも、自分では宗教は無論のこと哲学をも拒まずに持とうと思っている人々のうちにさえそうした人々があった。この問題に関して宗教を引き合いに出す必要はあるまい。神が世界を支配しているという宗教の教義は、この命題をあまりにも明白に述べているからである。しかし、哲学上の意味に関していえば、神が現実的であるということ、神こそが最も現実的なものであるということを知るだけでなく、形式の点から言って、一般に定在の一部は現象であり、定在は一部分しか現実でないということをも知っているだけの教養が必要である。日常の生活では気まぐれ、誤謬、悪といったようなもの、〔……〕および、いかにみすぼらしい一時的な現存在でも、手あたり次第に現実と呼ばれている。しかしわれわれは日常普段の感じからいってもすでに、偶然的な現存在は語の強い意味における現実という名には値しないことを感じている。偶然的なものは〔……〕可能的なものという以上の価値をもたないような現存在である。私が現実ということについて云々した際、現実という言葉をどのような意味で用いたのか、人は当然考えてみてしかるべきであろう。というのも、私は周到に展開した『〔大〕論理学』のなかで現実性という概念をも取り扱っており、それを、やはり現存在〔Existenz〕をもってはいるところの偶然的なものから区別しているだけでなく、さらに定在〔Dasein〕、現存在およびその他の諸規定から精密に区別しているからである。

　理性的なものの現実性に対しては、次のような具合に、表象が異を唱える。その一つは、理念や理想は妄想にすぎず、哲学とはそうした白昼夢の体系だというような考え方であり、もう一つは逆に、理念や理想は現実性をもつにはあまりにもすぐれたものであるとか、理念や理想は現実性を手に入れるにはあまりにも無力なものであるというような考え方である。しかし理念と現実との切り離しは特に悟性の好むところであって、悟性は自分の作り出した抽象物の迷夢を真実なものとみなし、悟性が政治の領域においてさえ特に好んで押しつけたがる当為〔Sollen〕を得意になってふりまわす。まるで世界がどうあるべきであるが実際にはそうなっていないということを知るために、世界が悟性を待っていたかのようである。もし世界があるべきようになったら、悟性のこざかしい当為なぞどこに残る余地があるであろうか。〔……〕哲学はもっぱら理念のみを取り扱うものであるが、しかもこの理念というものは、単に当為たるにとどまって現実的でないほど無力なものではない。従って哲学が取り扱うのは一つの現実なのであって、〔悟性的な当為が向けられるような外面的で一時的な〕対象や制度や状態などは、単にその外面たるにすぎない。

（『エンチクロペディー』〔序説〕第六節　GW20. S. 44ff.）

われわれが問題にしなければならないのはただ精神の理念のみであり、世界史においては一切のものをもっぱらこの精神の現象として考察するのであるから、われわれが過去を遍歴する

> とき、それがいかに偉大であろうとも、われわれが扱わねばならないのは、現在するものだけである。けだし、哲学は真なるものの探求に従事するものとして、永遠に現在するものを問題にする所以である。哲学にとっては過去のすべてが失われずに残っている。なぜなら、理念は現在するものであり、精神は不死だからである。すなわち、精神は過ぎ去ることもなければ未だ存在しないのでもなく、本質的にいま存在するのだからである。精神の現在の形態は過去の一切の段階を自分のうちに概念的に把え込んでいる。〔……〕過去の諸段階はなるほど独立のものとして次々と継起的に形成されて来た。とはいえ、精神は即自的には〔それ自体として〕常に一貫して当の精神でありつづけてきた。区別〔態〕はこの即自の展開たるにすぎない。現在する精神の生動は諸々の段階からなる一つの円環運動である。そこでは、この諸々の段階は、一面からみれば、依然として並存的に存立しているのであって、他面からみるときにのみ過去のものとみなされるというにすぎない。精神は〔一面からみれば〕その背後に残してきたようにみえる諸々の契機を〔他面からみれば〕自分の現在の深底に蔵してもいるのである。
>
> （『歴史哲学』 Suhrkamp. XII. S. 105）

哲学が取り扱わねばならないのは、もろもろの理念である。それゆえ哲学は、普通に単なる概念と称されているものに関わり合うのではない。哲学はむしろ、それらの概念が一面的で非真理であることを明らかにする。そしてまた概念（ただし、普通に概念と呼ばれてはいても抽象的な悟性規定でしかないようなものとは区別された真の意味での概念）こそが唯一、現実性をもつものであり、しかも、自からこの現実性を己れに与えるというふうにして現実性をもつものであるということを、哲学は明らかにする。

概念自からによって定立されたこの現実性以外はすべて、移ろいゆく定在、外面的な偶然、私念、本質のない現象、非真理、錯誤、等々である。

概念が自己を現実化するに際して、自分に与える形態化は、概念自からの認識のためであって、理念がただ概念としてのみ在る形式とは区別された本質的な契機、理念がもつもう一つの本質的な契機である。

（『法の哲学』第一節　GW14, 1. S. 23）

現実性とは、本質と実存〔現存在〕との、ないしは、内的なものと外的なものとの、直接的なものとなった統一である。現実的なものの発現は現実的なものそれ自身《ゼルプスト》であり、現実的なものは発現のうちにあっても依然として本質的なものでありつづける。そして、それは直接的な外的な実存のうちにあるかぎりにおいてのみ、本質的なものである。
現実と思想——より正しくは理念——とは皮相にも相対立するものとみなされがちであり、そういう見方にもとづいて、次のように言われるのをしばしば耳にする。すなわち、しかじかの思想の正当性には異の唱えようもないが、しかし、そういうものは現実のうちには存在しないとか、現実において実施することはできない、とかいう発言がそれである。こういう発言をする人々は、まさにその発言によって、彼らが思想というものの本性をも現実ということの本性をも正しくつかんでいないことを証明している。つまり、そういう語り口では、一方の思想というものが、主観的な表象、計画、意図といったものと同じような意味に受け取られており、他方の現実というものが、外在的で感性的な実存〔現存在〕と同じような意味に想われている。日常生活においては〔……〕このたぐいの臆見を棄てておくこともできよう。〔……〕しかし、抽象的な悟性が、現実と思想という規定を勝手に使い、両者の区別を増幅して、現実と思想とを固定的な対立物とみなし、あげくには、この現実の世界においては理念を頭から一掃〔断念〕しなければならないなどと称するにいたる場合には、学問と健全な理性の名において、こういう臆見を断乎として斥けなければならない。一方において、理念というものは決して単にわれわれの頭のなかにあるものではないし、また、理念というものはそもそもわれわれが勝手に実現したりしなかったりできるような無力なものではなく、むしろ端的に活動的《ヴィルケント》なものでかつまた現実的《ヴィルクリッヒ》なものである。他方において、現実というものは決して、無思想な実際家〔……〕たちが勝手に思いこんでいるほど、悪くもなければ非理性的でもない。単なる現象とは区別された現実、さしあたり、内的なものと外的なものとの統一としてある現実は、およそ理性に対して他者として対立しているのではなく、むしろ現実というものは徹頭徹尾理性的なものである。そして、理性的でないものは、まさしくそのゆえに、現実的なものともみなされることができないのである。教養ある人々の用語法も〔……〕これに見合っている。たとえば、有能なことも理性的なことも実現できないような詩人や政治家を本物の〔wirklich 現実的な〕詩人や本物の政治家とは認めない。〔……〕

ここで述べたような卑俗な現実観および、現実というものを手でつかめるようなもの、そして、直接に知覚できるものと混同してしまう卑俗な見解のうちに、プラトン哲学に対するアリストテレス哲学の関係について世間にひろまっているあの偏見の根拠も見出せる。この偏見によれば、プラトンとアリストテレスとの相違は、前者が理念〔イデア〕を、しかも理念のみを真なるものと考えるのに対して、後者は理念を放擲して現実的なものにしがみついたとのことであり、それゆえ、アリストテレスは経験論の創始者であり旗頭であるとみなされねばならないとのことである。この問題に関しては次の点に留意しなければならない。アリストテレス哲学の原理をなすのはたしかに現実性ではあるが、しかし、それは直接的に現前するものという卑俗な現実ではなく、現実態《ヴィルクリッヒカイト》としての理念なのである。プラトンに対するアリストテレスの論駁は少々立ち入っていえば次の点にある。すなわち、プラトンのイデアはアリストテレスにいわせれば単なる可能態（デュナミス）であるのに対して、アリストテレスとしてはイデアを——両人ともイデアこそが唯一真なるものとする点では同様であるのだが——本質的に現実態（エネルゲイア）として認めさせようとしていること、換言すれば、イデアを以って、端的に外に現われている内的なものとして、それゆえ、内的なものと外的なものとの統一として、ないしは、ここで私が強調した意味での、現実として考察したところにある。

（『エンチクロペディー』〔小論理学〕第一四二節、全補遺　GW20. S. 164 (Suhrkamp. VIII. S. 279ff.)）

第三節　弁証の理法

弁証法〔das Dialektische 弁証法的なるもの〕を十全に理解し認識しておくことがきわめて重要である。それは現実界におけるあらゆる運動、あらゆる生命、あらゆる活動の原理である。また、弁証法はあらゆる真の学的認識の魂である。

（『エンチクロペディー』〔予備概念〕第八一節補遺　Suhrkamp. VIII. S. 173）

思惟の諸形式を吟味なしに用いてはならないのは確かであるが、しかしこの吟味はそれ自身すでに一つの認識である。それゆえ、思惟形式の活動とその批判とが当の認識において合一されていなければならない。思惟形式は即かつ対自的に考察されねばならないのであって、思惟形式は対象であると同時に対象そのものの活動である。思惟形式自身が自分を吟味し、自分自身に即して自分の限界を規定し自分の欠陥を指示しなければならない。これは後に弁証法として特別に考察する思惟活動であるから、ここではとりあえず弁証法というものは外から思惟諸規定にもたらされるのではなく、思惟規定そのものに内在しているものとみなければならないということを注意するにとどめておく。

（『エンチクロペディー』〔予備概念〕第四一節補遺1　Suhrkamp. VIII. S. 114）

第一項　意識の経験

現象する知〔das erscheinende Wissen 立ち現われてくる知〕に対する学の応対〔ein Verhalten 関係行為、態度〕として、しかも、認識の実在性の吟味・検査として提示されることの叙述は、尺度として基礎におかれる何らかの前提なしには成り立ちえないかのように思われるかもしれない。というのは、検査とはある容認ずみの尺度を当てることであり、吟味されるものと尺度との、そこに明らかになる等・不等によって、正否が決定されるのだからである。そして、この場合、尺度というものは一般に本質的存在〔Wesen 真の存在〕ないし自体的存在〔das Ansich〕として容認されている。そこで、いまもし学が尺度たるべきならば、学もまた当然そのようなものとして容認ずみのものということになろう。しかし、学がはじめて登場するいまここでは、学それ自身も、いかなる存在も、本質的存在ないし自体的存在として、自己を権利づけていない。が、そういう存在がなければ、検査ということがそもそも成り立ちえないかのように思える。

この矛盾とそれの除去とを明確化するためには、まず、知と真との抽象的規定を、それが意識に現われてくる相で、想い出してみるのが好便である。意識は、つまり、或るものを自分から区別する、と同時に、そのものと関係する。〔……〕そして、この関係の、または、或るものの意識に対する存在の、規定された特定の側面が知である。しかし、われわれは、この、他者に対する存在から、自己における存在〔das Ansichsein 自体存在、即自存在〕を区別する。知に関係づけられたこのものは、同時にまた、知からも区別されて、この関係の外部にも存在しているものとして定立される。この即自〔Ansich 自体存在〕の側面が真理と呼ばれる。〔……〕

さて、知の真理性を吟味するという場合、それが即自的に〔それ自体において〕何であるかを吟味するのであるかのように思える。がしかし、この吟味においては知はわれわれの対象であり、それはわれわれに対して存在する。そして、吟味においてもたらされるところの、知の即自は、それゆえにむしろ、知のわれわれに対する存在であろう。知の本質的存在として主張されるものは、知の真理ではなくして、知の本質存在についてのわれわれの知にすぎないことになろう。本質的存在ないし尺度はわれわれのうちにあることになり、尺度と比較され、この比較によって裁断さるべきはずのものは、必ずしも尺度を承認するには及ばないということになりそうである。

しかしながら、われわれが吟味する対象の本性は、このような分離、より正確に言いかえれば、分離と前提の仮象を免れている。意識は自分の尺度を自分自身に当てがうのであり、それゆえ、吟味と言ってもそれは意識が自分を自分自身と比較することになる。〔……〕こうしてわれわれは、当該の意識がそれ自身の見地内で即自ないし真なる存在であると称するところのものに即して、当該の意識がそれの知を測る尺度、しかも当の意識自身が立てる尺度をもつことになる。

ところで、知を概念と呼び、本質的存在ないし真なる存在を存在者ないし対象と呼ぶことにすれば、検査とは、概念が対象に照応しているかどうかを観望することである。しかるにもし、本質的存在または対象の即自を概念と呼ぶことにし、対象という言葉でもって対象としての対象、つまり、他者に対してあるかぎりでの対象を表わすことにすれば、検査とは対象が自分の概念に照応しているかどうかをわれわれが観望することである。右に述べた二つのことが同一事であることは明らかであろう。肝要なのは次のことである。すなわち、概念と対象、〈或る‐他者‐に対する‐存在〉と〈自分‐自身‐における‐存在〉、これら両契機が、われわれの吟味する知そのもののうちに属しているのであって、それゆえ、われわれの側で尺度をもちこんでわれわれの思い付きや思想を吟味に際して適用するというようなことは不必要だということである。われわれはそういう代物を放擲することによって、事柄を、それが即かつ対自的にそれ自身あるがままに考察することができる。

概念と対象、尺度と検査さるべきもの、これら両契機が当該の意識それ自身のうちに現前しているということの側面から言って、われわれの側による助力が無用であるばかりでなく、むしろ、われわれは両契機を比較して語の本来の意味での検査をおこなうという労をも免れることになる。当該の意識が自分自身を吟味するのであるから、この側面から言っても、われわれに残されているのは純然たる観望〔Zusehen〕のみである。というのは、意識は一面では対象の意識であり、他面では自己自身の意識だからである。つまりそれは、一面では、自分にとって真なるものについての意識であり、他面では、そのものについて自分が知っていることの意識である。これら両面が同一の意識に対して在るのであるから、当の意識態そのものが両者の比較である。〔……〕対象というものは、なるほど、意識がそれを知る相においてのみ、意識にとって存在するかのようにみえる。意識は、対象が意識に対してではなくそれ自体である相を、いうなれば裏に廻ってみることはできないように思える。従って、意識の知も対象に即して検査することはできないように思える。しかしながら、そもそも意識が或る対象について知っているということ、まさにこのことのうちに、既に、意識にとって或るものが即自であり、もう一つのモメントが知、つまり、対象の意識に対する存在である、という区別が現存している。検査が存立するのはこの現存する区別づけに基づいてである。この比較において両者が照応しない場合には、意識は自分の知を変化させて、対象に適合させねばならないように思えるかもしれない。が、知が変化するときには実は対象それ自身も意識にとって変化する。というのは、現存した知は本質的にいって対象についての一つの知だったのであり、対象は当の知に本質的に属していた以上、知〔の変化〕とともに対象も別の対象に成るからである。こうして、さきには意識にとって即自〔自体存在〕であったものが即自ではないということ、より正確に言いかえれば、それは当の意識にとってのみ即自であったにすぎないということ、このことに意識が気付くようになる。このような次第で、意識が自分の知が対象に照応していないということを対象に即して見出す際には、対象それ自身も持続しない。つまり、或る尺度で測られるはずのものが検査に合格しない場合には、検査のこの尺度が変化するのである。検査は、単に知の検査であるのみでなく、当の尺度の検査でもあるわけである。

この弁証法的運動——意識が自分自身に即して、対象の側に即してのみならず自分の知の側に即しても遂行するこの運動——は、そのことから意識にとって新たな真の対象が発現するかぎり、元来、経験と呼ばれるところのものにほかならない。この件に関してはいましがた述べた径行に即して或る契機をもっと詳しく論じておかねばならない。〔……〕

意識は或るものを知る。この対象が本質存在ないし即自存在〔das Wesen oder das *Ansich*〕である。この対象は、しかし、意識に対しても即自存在である。そこで、この真なるものの二義性が現われる。われわれは、意識が、いまや二つの対象をもっていることをみる。その一つは、最初の自体存在〔das Ansich〕であり、第二は、〈この自体存在の意識に‐対する‐存在〔das Für-es-Sein dieses Ansich〕〉である。後者は、一見したところでは、意識の自分自身への反照にすぎないかのようにみえ、対象の表象ではなくして、かの第一の対象についての意識の知の表象にすぎないかのようにみえる。しかし、先にみた通り、意識にとって、この際、第一の対象が変化する。つまり、対象は即自存在であることをやめて、意識にとってそれは、意識に対してのみ即自存在であるようなものに成る。しかるに、そこでは、この〈即自存在の意識に‐対する‐存在〉が、真なるものとされているわけであって、ということはすなわち、そのような存在が本質存在ないし意識の対象とされていることになる。この新しい対象は最初の対象の非真実性を含意しており、この新しい対象は第一の対象についてなされた経験である。

経験の経過のこういう叙述にあっては、普通に経験と呼び慣らわされているものとは一致しないような外観を呈する一つの契機が存する。つまり〔右の叙述においては〕第一の対象とそれの知とから、別の対象への移行が生じており、この〔新たな〕対象に即して経験がおこなわれた旨が立言され、第一の対象についての知、ないし、第一の即自存在の〈当の‐意識に‐対する‐存在〉が、第二の対象それ自身に転成する旨が云々されている。ところが、普通には、最初にいだいていた概念の非真理性を経験するという場合、それはたまたま外的に見出された或る別の対象に即して起こることなのであって、われわれに属するのは、即かつ対自的に在るものの純然たる捕捉でしかない、という具合に思われている。しかるに、前記われわれの見解においては、意識の改変それ自身を通じて、新たな対象が生成するのである。与件をこのような具合に考察するのは、われわれの側からする附加なのであって、この附加によって、当の意識の経験の系列が学的な進行に高められる所以となるのであるが、われわれの考察する当の意識にとっては〔そういう附加に照応するような考察内容が対自的に〕意識されてはいない。〔……〕

この必然性そのもの、すなわち、当該の意識にとってはその仕組みが識られぬままともかく立ち現われるところの、新たな対象の発生、これのみは、いうなれば当該の意識の背後で、われわれにとって〔für uns〕進行する事柄である。というわけで、意識の運動のうちには、即自的存在またはわれわれにとっての存在という契機、つまり、経験そのものに没頭している当の意識に対して〔対自的に〕は現前しない契機が入りこんでいる。とはいえ、われわれにとって発生するところのものの内容は当の意識に対して〔対自的に〕存在するのであって、われわれが把握するのは生成する当のものの形式面にほかならない。言いかえれば、われわれが把握するのは、ひとえに、それの純然たる生成なのである。当の意識にとってはこの発生したものは単に対象として存在するにすぎないが、われわれにとってはそれは同時に運動・生成として存在する。

この必然性によって、学へと至るこの道程はそれ自身すでに学であり、その内容からいえば、それは意識の経験の学である。

（『精神現象学』序説　GW9. S. 58ff.）

第二項　内在的方法

方法といえば、学においては概念が自己自身から自己を展開していく仕方であり、それはもっぱら概念の諸規定の内在的な進展と産出である。この進行は決して、さまざまな諸関係が在ると断言しておいて、そこでそういうどこかから拾ってきた素材に普遍的なもの〔既成の概念〕を適用するといった具合にしておこなわれるものではない。〔……〕

普遍的なものの特殊化したもろもろのありかたを解消していくのみならず産出してもいく、こういう、概念の運動原理を私は弁証法と呼ぶ。〔……〕／

理念は自己を自己自身のうちで絶えずより詳しく規定していかねばならない。けだし、端初においては理念は辛うじて抽象的な概念たるにすぎないからである。この〈端初においては抽象的な概念〉は、決して放棄されるのではなく、絶えず自己のうちで豊かになるばかりである。従って、最終の規定が最も豊かな規定であることになる。〔……〕

経験的諸科学においては、人々は通常、表象のうちに見出されるものを分析する。そして、今度は個別的なものを共通なものに還元してみせ、それを概念と呼ぶ。われわれはこのような手法は採らない。というのも、われわれは概念それ自身がどのように自己を規定していくかを単に観望しようとしているのであり、われわれの私念や思惟を附加しないよう自制する次第だからである。ところで、われわれがこのような仕方で得るものは、一系列の諸思想と、もう一系列の現存する諸形態とであるが、これら二つの系列にあっては、現実的な現象の時間の順序と概念の順序とが部分的には相異なるという事態を生ずることもある。で、たとえば、家族に先立って所有が実在したというわけにはいかないのであるが、それにもかかわらず、われわれは家族よりも前に所有を論考する。それゆえ、いったいなぜ、最高のもの、つまり具体的に真なるものから始めないのか、という疑問を生ずるかもしれない。答はこうである。われわれはまさしく真なるものを成果の形で見ようと欲するのであり、そのためには、ひとまず抽象的な概念それ自身を概念的に把握しておくことが本質的に必要なのである、と。という次第で、現実的に存在するところのもの、つまり概念の形態［Gestalt 形態化された定在］は、たとえ現実そのものにおいては最初のものであろうとも、われわれにとっては、それは後続するいっそう進んだものなのである。

（『法の哲学』第三一節、三二節補遺　GW14, 1. S. 46f. (Suhrkamp. VII. S. 84, S. 86f.)）

哲学的方法は分析的でもあればまた綜合的でもある。がしかし、有限的認識のこれら二方法を単に並置するとか交互に用いるとかいうような意味でそうなのではなく、両者を止揚されたものとして自己のうちに含むのであり、従って哲学的方法はその運動のあらゆる点において分析的であると同時に綜合的に振舞う。哲学的思惟は、自分の対象である理念を単に受け容れ、理念をその赴くままにゆだね、理念の運動と展開をいわば観望するにすぎないというかぎりでは、分析的である。このかぎりにおいては哲学的思索は全く受動的である。しかし、哲学的思惟はまた綜合的でもあって、概念そのものの活動たるの実を自から示す。ただし、そのためには、絶えず頭をもたげようとするところのわれわれ自身の思いつきや特殊的な私念を遠ざける努力が必要である。〔『エンチクロペディー』〔小論理学〕第二三八節補遺 Suhrkamp. VIII. S. 390f.〕

方法はさしあたっては認識の単なる様式であるようにみえる。方法は事実、認識の様式という性質をもつ。しかし、この様式は方法としてあるかぎり、単に存在〔有〕の即かつ対自的に規定された様相ではない。それは概念によって規定されたものとして、認識の様相としても定立されている。また形式があらゆる客観性の魂であり、他のあらゆる規定された内容が、その真理性をもっぱら形式のうちにもつかぎり、様式は形式という意味をもつ。〔……〕方法というものは、このことからして、自分自身を知る概念であり、自分を絶対的なものとして、すなわち主観的なものであるとともに客観的なものでもある絶対者として対象とする概念であり、従って概念とその実在性との純粋な合致であり、概念そのものであるところの実存であることが明らかになった。

それで、ここに方法として考察しなければならないものはもっぱら、概念自身の運動である。この運動の本性については〔……〕いまや次のような意味をもつものとして認識すべき段取りである。それはすなわち、概念がすべてであり、概念の運動は普遍的な絶対的活動、自分自身を規定し、自分を実現する運動であるということである。方法はそれゆえに制限なき、普遍的な、内面的で且つ外面的な様式として、また端的に無限な力として承認されなければならない。〔……〕方法は、それゆえ、魂であり実体である。従っていかなるものも、方法に完全に服するかぎりにおいてのみ概念的に把握され、その真理性の相で識られるのである。すなわち、方法は各事象そのものの固有の方法である。というのは、方法の活動が概念だからである。このことはまた方法の普遍性のいっそう真実な意味でもある。反省の普遍性に従えば、方法は単にすべてのものに対する方法とみられる。ところが理念の普遍性に従えば、方法は認識の、すなわち主観的に自分を知る概念の様式であるとともに、また客観的な様式であり、あるいはむしろ、もろもろの事物の実体性である。言いかえると、各概念がさしあたって表象や反省に対して他者として現われるかぎり、方法はそういう各概念の実体性である。方法は、それゆえに、理性の最高の力であり、あるいはむしろ理性の唯一にして絶対的な力である。のみならず、また方法は、自分自身によってすべてのもののうちに自分自身を見出し、認識しようとする理性の最高にして唯一の衝動である。これに伴ってまた、第二に、方法と概念としての概念との区別、すなわち方法の特殊性を挙げる所以となる。前に概念をそれ自身として考察した際には、概念は直接性の相で現われ、反省または当の概念を考察する概念は、われわれの知に属したのであった。

　方法はこの知そのものなのである。すなわち、この知にとっては概念は単に対象としてあるのではなくて、むしろ対象自身の主体的なはたらきとしてある。あるいは、この概念は認識する活動の道具または手段として、当の活動とは区別されるが、しかし活動自身の本質性をなすものである。探究的認識においても、方法は道具とせられ、主観の側にあって客観と関わるための手段とせられた。この推論にあっては主観が一方の極であり、客観が他方の極をなし、主観はそれのもつ方法を介して客観と連結するのであって、そこでは主観が自分で〔対自的に〕自分自身と結合するのではない。その両極はあくまで相異なるものである。というのは、主観と方法と客観とは一個の同一的な概念としては定立されていないからである。だから推論は、そこではどこまでも形式的な推論を出ない。主観が形式を自分の方法として自分の側に立てるところの前提は直接的な規定であり、それゆえにこの前提は、すでにみたように、定義とか分類とかいった形式の規定を主観のうちに見出される事実として含んでいる。これに反して真の認識においては、方法は単に幾つかの規定の集合ではなく、むしろ概念の即かつ対自的に規定された存在〔das An-und-für-sich-Bestimmtsein〕である。それで概念は、ここでもまた客観的なものの意味をもつがゆえにのみ中辞〔die Mitte 媒介〕である。従ってまた客観的なものは、結論のなかで単に方法を通じて外的な規定性を獲得するというのではなくて、むしろ主観的概念との同一性の相で措定されることになるのである。（『大論理学』GW12. S. 237ff.）

第三項　矛盾の論理

論理的なものは、形式からいえば三つの側面をもっている。（α）抽象的ないし悟性的側面、（β）弁証法的ないし否定的に理性的な側面、（γ）思弁的ないし肯定的に理性的な側面がそれである。

これら三つの側面は、論理学の三つの部分を成すのではなく、あらゆる論理的に実的なもの〔jedes Logisch-Reellen〕のモメンテである。〔……〕／悟性としての思惟は、固定的な規定性と、この規定性の他の規定性に対する区別性とに立ちどまっており、こういう制限された抽象的なものをそれだけで存立し存在するものとみなしている。

悟性の活動は、そもそも、その活動の内容に普遍性の形式を与えることにある。しかも、悟性によって定立される当の普遍的なものは一つの抽象的に普遍的なものであり、そのようなものとしてあくまで特殊的なものと対置的に考えられており、そのため、それ自身もまたそれはそれで特殊的なものとして規定されている始末である。〔……〕／弁証法的モメントは、そういう有限な諸規定の特有な自己止揚であり、それと対立的に措定される規定への移行である。

〔……〕弁証法〔das Dialektische〕はこういう内在的な超出であって、悟性規定の一面性と制限性がそこにおいて自から、それが現にそれであるところのものとして、つまり、それの否定として自己を現示する。有限なものはすべて自分自身を止揚すべきものである。弁証法的なものこそが、それゆえ、学的進行を駆動する魂を成し、それによってのみ内在的な連関と必然性が学の内容にもたらされる原理である。〔……〕／

思弁的なものないし肯定的に理性的なものは、対立的措定の相にある規定の統一を把捉する。すなわち、対立的規定の解消と移行のうちに含まれている肯定的なものを把捉する。

弁証法は肯定的な成果をもつ。それというのも、弁証法は規定された内容をもつからである。すなわち、弁証法の成果は、空虚な抽象的な無ではなくして、特定の諸規定の否定

〔……〕だからである。〔……〕この理性的なものは、従って、思惟されたものであり抽象的なものであるとはいっても、同時に具体的なものでもある。というのは、それは単純な形式的な統一ではなくして、区別された諸規定の統一だからである。哲学は、〔理性的なものの学であるが〕ゆえに、単なる抽象態や形式的な思想とはおよそ関わりをもつことなく、もっぱら具体的な思想のみを取り扱う。単なる悟性論理学は思弁的論理学のうちに含まれており、前者は後者から造作もなく作り出すことができる。そのためには、弁証法的なもの、理性的なものを後者から除去するだけで済む。

（『エンチクロペディー』〔小論理学〕第七九、八〇、八一、八二節 GW20. S. 120ff. (Suhrkamp. VIII. S. 168ff.)）

同一性、差異性、対立措定という最初の反照規定が一つの命題において表わされる以上、況んや、これらの諸規定がそれへと移行して真実態のかたちをとるところの反照規定、つまり矛盾は、一つの命題のかたちで言い表わされてしかるべきであろう。「あらゆる事物はそれ自身そのものにおいて矛盾的である」。〔……〕対立措定において現われてくる矛盾は、同一性のうちに含まれていて、同一律は無を言い表わす〔何も言い表わしていない〕という表現に出て来たところの、あの展開された無にほかならない。この否定は自からを更に規定して差異性に、そして対立措定になったのであったが、それがいまや措定された矛盾となっているのである。

しかるに、矛盾というものがあたかも同一性ほど本質的で内在的な規定ではないかのようにみなすのは、旧来の論理学ならびに通常の表象の根本的偏見の一つである。現に、もし両規定の順位を問題にし、両規定を別々のものとして把持しようというのであれば、矛盾のほうこそより深いもの、より本質的なものと称されねばなるまい。というのも、同一性は矛盾との対比でいえば、単純な直接的存在の規定たるにすぎず、死せる存在の規定たるにすぎないのにひきかえ、矛盾はあらゆる運動と生動性の根幹であるからである。或るものはそれ自身のうちに矛盾をもつかぎりにおいてのみ運動するのであり、衝動と活動性をもつのである。

矛盾は、通常、まずは事物から、存在するもの、真なるものの一般から遠ざけられる。矛盾せるものは存在せずと主張される。そしてその反面では、矛盾は主観的な反省に押しこまれ、主観的反省が自己の関連づけや比較を通じてはじめて矛盾を措定するのだと言われる。しかし、本当をいえば、矛盾はこの反省のなかにさえ存在しないとされる。矛盾せるものは表象されることも思惟されることもできないという理由からである。〔……〕

ところで、矛盾は存在せずという主張に関していえば〔……〕われわれはこのような臆言に煩わされるには及ばない。〔……〕外面的で感性的な運動そのものが、すでに矛盾の直接的な定在である。或るものが運動するのは、この瞬間にはここに、そして他の瞬間にはあそこに在るというのではなく、全く同じ瞬間にここに在りかつここにないということ、この個所に同時に在りかつないということによってのみである。われわれは古代の弁証法家たちが運動について指摘した諸矛盾を認めざるをえない。もっとも、そこからは、故に運動は存在せず、という結論が出てくるのではなく、運動は定在する矛盾そのものであるという結論になる。〔……〕

運動とか衝動とかのたぐいにおいては、矛盾はこれらの規定の単純性のうちに埋没していて表象には気付かれないむきもあるが、それにひきかえ、相関規定においては矛盾が直接的に姿を現わす。上と下、右と左、父と子といったごく些末な例でさえ、いずれも一者のうちなる対立を含んでいる。上は下でないところのものである。上は下ではないということだけで規定され、そして、下があるかぎりにおいてのみある。逆もまたしかりである。一方の規定のうちにそれの反対がよこたわっている。父は子の他者であり、子は父の他者である。そして、両者の各々はこういう他者の他者としてのみ存在する。しかも、同時に、一方の規定は他方の規定との関連においてのみ存在するのであって、両規定の存在は一つの存立である。父は子との関連の外においてもたしかに自存する或るものではあるが、しかし、その場合には彼は父ではなく一人の男一般である。〔……〕対立的に措定されたものは、それらが同一の視角において相互に否定的に関わり合うものであるかぎりで、言いかえれば、相互に止揚し合い、互いに無関心なものであるかぎりで、矛盾を含んでいる。表象は、両規定の無関心性という契機に移行して

しまい、両規定の否定的統一を忘れ、そのためそれらの規定を差異的なもの一般として固持する。〔……〕

表象は、いつでも矛盾をその内容としてもつにはもっているのだが、この矛盾を意識するには至らない。〔……〕しかるに、思惟的理性は、差異的なものの鈍い区別、表象における単なる多様を、いうなれば尖鋭化して、本質的な区別、対立たらしめる。ここにはじめて、多様なものが矛盾の尖端にまで駆り立てられ、互いに生動的になり、矛盾のうちで、自己運動と生動の内在的脈動である否定性を獲得する所以となる。

(『大論理学』 GW11. S. 286ff.)

理性は、存在〔有〕の悟性規定からそれの対立措定的規定への移行を提示することにおいて、否定的ないし弁証法的理性である。弁証法的なものは、通常、一つの主語について二つの対立的に措定される述語が主張されるという仕方で現われる。より純粋なかたちでの弁証法的なものは、一つの述語によって次のような一つの悟性規定が提示されるところに成り立つ。すなわち、それ自身においてあるとともにそれ自身の反対措定でもあり、それゆえ、自からを自分のうちで止揚するような悟性規定が提示されるところにより純粋な弁証法が存するのである。

(『哲学予備門』〔上級のための哲学的エンチクロペディー〕第一七〇節〈GWでは第一一八節〉 GW10, 1. S. 352)

Ⅲ　論理と自然

本章では、ヘーゲル哲学体系の二大部門である論理学と自然哲学に関して、第一節「神義と始元」、第二節「論理の展開」、第三節「自然の哲理」に分けて稜線を観望する。

ヘーゲルの論理学は、いわゆる論理学ではない。それは「天地創造に先立って永遠の相にある神の叙述」であり、従って「論理的諸規定は絶対者の諸定義、神の形而上学的諸定義とみなされうる」。とはいえ、かの実体＝主体のテーゼに即応して、「論理《ロゴス》の学は絶対的理念の自己運動を根源的な言葉《ロゴス》として叙述するもの」であり、それは決して神という主語（＝実体＝主体）に述語を外部から定義的に賦与《ふよ》していくものではなく、絶対者の自己認識的自己規定としての性格をもつ。かかる一種の存在論・形而上学たるヘーゲルの論理学は、しかし、概念論・判断論・推理論を含むいわゆる論理学とも無縁なものではない。第一節ではヘーゲル論理学の基本的性格と構案をみたうえで、有名な始元〔端初〕《アンファング》論にまで触れておく。

第二節ではヘーゲル論理学の内容を一瞥するが、ヘーゲルの弁証法的論理学の全体をアンソロジー形式で要約することはそもそも期し難いので、特徴的な論点の紹介を宗とした。まず、有論の部分では、著名な有・無・成のトリアーデを素描したうえで、ヘーゲル特有の「質・量・度」観を瞥見、本質論の部分では、反照規定・対立措定の問題、概念論の部分では、概念と判断ならびに推理というものに関するヘーゲル独特の見方を中心に摘録してある。——尚、量より質への転化、全体と部分、の問題は自然哲学の行論に嵌入することにし、また、同一と区別、矛盾、等については前章との重複を避け、現実性、因果性、相互作用、等に関わるヘーゲル固有の発想についても他章に委ねてある。ヘーゲル論理学の思想内容の紹介は、本節の範囲に限られていないことをあらかじめ御承知おき願いたいと念う——。

第三節では、第一項「自然の概念」、第二項「時空と物質」、第三項「物性と生体」に区分して抄録する。ヘーゲルの自然哲学は悪評嘖々であり、いずれにせよ今日通用しうるものではないが、ヘーゲルの世界観や発想を理解するうえで、自然哲学が重要であることは言を俟たない。ヘーゲルの自然観を周到に理解するためには、ドイツ・ロマン派、とりわけシェリングのそれとの交錯から辿り直すことが望ましいが、ここではヘーゲルの場合、自然といえども絶対精神の一定在形態であることを銘記するにとどめる。ヘーゲルは自然の原質《アルケー》を、或るときには「光」、或るときには「時間」、或るときには「エーテル」として把え、「エーテルが万物に浸透するのではなく、エーテルそのものが万物なのである」というように発想するが、かかる根源的質料《マテリー》はいずれにせよ絶対精神の自己疎外態であり、即自的には絶対精神そのものである。この際、附言しておけば、ヘーゲルには「生命」を以って根源的存在とみた一時期があり、絶対精神は「生命」の存在様態をいわばモデルにして発想されていると言える一面をももつ。ヘーゲルの絶対精神の存在様態は、かのキリスト教神学的な場で発想された「神・人」観のモデル、および、シェリング自然哲学に近い場で発想されたエーテル的存在（これは牽引と反撥のポテンツを内含する）のモデルと併せて、「生命活動」のモデルをも下地にしていることを念頭におくと理解の一助になろう。――因みに、この「生命」は、次章でみる欲求、労働、人倫とも一脈通じて行く。

尚、ヘーゲル「自然哲学」の体系構制と内容は、イエナ期以降においてもかなり動揺している。それゆえ、本節では、イエナ期に属しつつも体系期の思想と稍々違和のありすぎると思われる章句は、活字のポイントを落して区別を示しておいた。

哲学の各部門はいずれも一つの哲学的全体であり、自己内で自から完結する円であるが、そこでは哲学的理念は或る一つの特殊的な規定態ないし特殊的なエレメントのうちにある。〔……〕全体は各々が必然的な一モメントをなしているところの多くの円からなる一つの円としてあらわれ、諸円に特有なエレメンテの体系が全体としての理念を形成するとともに、この理念は同時にまた個々の各エレメントのうちに姿をあらわすという具合になっている。／

理念は自分自身と端的に同一な思惟として自己を現示する。この思惟は、対自的に存在すべく、自分自身を自分に対立させ、この他者のうちで自分自身の許《もと》に〔憑自的に〕あるような活動である。そのため、学は三つの部分に分かれることになる。

Ⅰ　論理学　即かつ対自的な理念の学

Ⅱ　自然哲学　他在の相における理念の〔哲〕学

Ⅲ　精神哲学　他在から自分へ還帰する理念の哲学

右の通り、特殊的な哲学的諸学のあいだの区別は、理念そのものの諸規定たるにすぎず、これらさまざまなエレメンテのうちで現われるのはほかならぬこの理念である。自然において認識される当のものは理念以外のものではない。ただし、そこでは、理念が外化〔Entäußerung〕という形式で存在する。また、精神において認識されるのは、対自的に在りそして即かつ対自的に成る理念である。

（『エンチクロペディー』〔序説〕第一五、一八節　GW20. S. 56, S. 59f.）

第一節　神義と始元

論理学の内容は、神の叙述、ただし、自然ならびに有限的精神の創造に先立って永遠の本質的存在の相にある神の叙述である。

（『大論理学』〔序説〕〔W21. S. 34〕）

論理学は純粋思惟の学として規定された。この学は純粋知をその原理とするものであるが、決して抽象的な統一ではなく、具体的で生動的な統一である。具体的で生動的な統一である所以のものは、この学においては、主観的な自立的存在者と第二のそういう存在者つまり客観的なものとの意識上の対立が克服されており、存在が純粋概念そのものとして、そして、純粋概念が真の存在として、知られていることにある。〔……〕

かくして、全概念が、一方では存在する概念として、他方では概念として考察さるべきであって、前者の場合、概念は実在つまり存在の単なる即自的な概念であり、後者の場合、それは概念としての概念、つまり、対自的に存在する概念である。〔……〕という次第で、論理学はさしあたり、存在としての概念の論理学と概念としての概念の論理学とに区分することができ、客観的論理学と主観的論理学とに区分することができよう。〔……〕ここで客観的論理学と呼んだものは、部分的には、カントにおける先験的論理学に照応する。〔……〕カント哲学の関心は思惟諸規定のいわゆる先験的なものに向けられていたため、思惟諸規定そのものの討究はないがしろになっていた。〔……〕いうところの〔先天的な思惟〕形式は、それを純粋な相で取り出して省察してみれば、それ自身のうちに自己を規定するということ、つまり、自分に内容を与えるということ、しかもこの内容を必然性において、思惟諸規定の体系として与えるということを含蔵している。

客観的論理学は、このゆえにむしろ、往時の形而上学にとって代わるものである。〔……〕存在〔Ens〕一般の本性を探求すると称するあの形而上学の部門、つまり存在論の座をいまや客観的論理学が占めるのである。〔……〕客観的論理学は、それからまた、他の形而上学的部門をも――それが純粋な思惟形式でもって、〔……〕霊魂、世界、神を捉えようと試み、思惟の諸規定を考察方式の主眼に据えるかぎりで――自分のうちに取り込む。〔……〕それは旧形而上学の真の批判でもある。〔……〕

主観的論理学は概念の論理学である。

（『大論理学』〔序説〕GW21. S. 45ff.）

論理学は三つの部門に分かれる。

I　有〔存在〕に関する理説

II　本質に関する理説

III　概念ならびに理念に関する理説

　ここに挙げた思想ないし論理学的理念の三つの主要階梯の相互関係は、総じて次のように把握すべきである。すなわち、概念こそがはじめて真なるものであり、より詳しくいえば、概念こそが有および本質の真理である。有および本質は——有は直接的なものにすぎず、本質は媒介されたものにすぎないから——両者を切り離して単独に固持するとすれば、真ならざるものでもある、としなければならない。このように言うと、それではいったいなぜ真ならざるものから始めるのか、なぜ直ちに真なるものから始めないのか、という疑義が呈せられるかもしれない。答はこうである。真理はまさに真理として自己を確証しなければならない。この確証は、ここ論理学の内部では、概念が自分自身によって自分自身と媒介されたものであることを自から示し、そのことによって同時に、概念が真に直接的なものであることを自から示すことにある。より具体的でよりリアルな形でいえば、〔……〕神によって創造された世界、つまり、自然と有限的精神とを、それらが神から区別されるときには真ならざるものであるとわれわれが識るかぎりにおいてのみ、真理であるところの神はその真理性において、つまり、絶対的精神として認識されるのである。

（『エンチクロペディー』〔予備概念〕第八三節、全補遺　GW20. S. 120 (Suhrkamp. VIII. S. 179f.)）

有そのもの、および以下に述べる有の諸規定のみならず、論理的諸規定は、全般として、絶対者の諸定義、神の形而上学的諸定義とみなされうる。〔……〕／

有が絶対者の述語として言い表わされるとき、絶対者は有であるという絶対者に関する最初の定義が与えられる。〔……〕これはエレア派の定義であり、同時にまた、神はあらゆる実在の総括なりという周知の定義でもある。／

尤も、定義という形式が用いられると、それはとかく、一つの基体を表象にうかべるという事態になりかねない。現に、絶対者という表現ですら〔……〕それの述語との関係においては〔……〕私念された思想、それ自身としては無規定的な基体たるにすぎない。思想は〔……〕述語のうちにしか含まれていないのであるから、かの主語と同様、命題という形式も全く余計な代物である。

（『エンチクロペディー』〔小論理学〕第八五、八六、八五節　GW20. S. 121ff.）

「神は永遠にして云々」といった命題においては、「神」という表象でもって始められるが、その場面ではまだ、彼が何であるかということは識られていない。述語によってはじめて、神が何であるかが言い表わされる。それゆえ、内容をひたすら思想の形式で規定する論理的な場面では、これらの諸規定を、神とか、よりいっそう漠然とした、絶対者とかが主語になっている命題の述語として用いるのは、単に余計であるどころか、思想そのものの本性とは別な基準を想起させるという不利益をすらともなう。いずれにせよ、命題という形式、もっと規定していえば判断という形式は、具体的なもの——現に、真なるものは具体的である——そして思弁的なものを表現するのには適わしくない。

（『エンチクロペディー』〔予備概念〕第三一節　GW20. S. 72）

始元〔端初〕は始元であるがゆえに、その内容は一つの直接的なものである。ただし、抽象的な普遍性という意味と形式をもっているような直接的なものである。〔……〕認識とは、しかし、概念把握的な思惟であるから、それの始元もまた思惟のエレメントのうちにしかない。始元は単純で且つ普遍的な或るものである。〔……〕実際、この最初の普遍性は直接的な普遍性であり、それゆえ、存在〔有〕という意義をもつ。というのは、有〔存在〕とはまさしくそのような、自分自身に対する抽象的な関係だからである。〔……〕

始元は、かくして、方法に対して、単純で且つ普遍的なものであるという以外のいかなる規定性をもたない。が、単純で且つ普遍的なものであるということはそれ自身規定性であり、この規定性のゆえに、始元は不完全態である。普遍性は純粋で単純な概念であり、この概念の意識である方法は、普遍性はモメントたるにすぎないこと、概念はそういう普遍性にあってはまだ即かつ対自的には規定されていないということを識っている。〔……〕絶対的方法においては、普遍的なものとは単に抽象的なものではなく、客観的に普遍的なものを意味する。客観的に普遍的なものというのは、すなわち、即自的には具体的な綜体性であるが、この綜体性がまだ措定されていず、まだ対自的ではないような、そういう普遍的なものの謂いである。抽象的な普遍としての抽象的な普遍ですら、概念においては、すなわち、その真理からみれば、決して単なる単純なものではない。抽象的なものとしてそれは否定を伴うものとして既に措定されている。それゆえ、現実においても思想においても、人々が通常表象するような、そういう単純なものやそういう抽象的なものは存在しはしないのである。〔……〕

始元をなすところのものを、先には、直接的なものと規定したのであったが、普遍的なものの直接性というのは、いまここで対自的存在を欠く即自的存在と表現したものと同じである。——それゆえ、即自的に存在するものが概念であるかぎり、いかなる始元も絶対者を以って始めるべきであり、また、いかなる進展も絶対者の叙述にほかならない、と言うことができる。とはいえ、それは即自的にあるにすぎないがゆえに、絶対者ではないのでもあって、まだ措定された概念ではなく、況んや理念ではない。〔……〕それゆえ、進行は決して一種の流出ではない。もしも始元をなすところのものが既に真に絶対者であるとすれば、進展は流出であろう。が実際には、進行は、むしろ、普遍的なものが自分自身を規定していき、対自的に普遍的なものとなること、言いかえれば、普遍的なものが同時にまた個別的なもの、主体でもあることに存する。当の普遍的なものは進行の完成態においてのみはじめて絶対者である。

（『大論理学』　GW 12. S. 239ff.）

第二節　論理の展開

純粋な有が始元をなす。けだし、それこそが純粋な思想であるとともに、無規定的で単純な直接的なものであり、第一の端初〔始元〕は媒介されたものでも、それ以上規定されたものでもありえないからである。〔……〕／ところで、この純粋な有は、純粋な抽象、それゆえ絶対的に否定的なものであり、これは同様に直接的に受けとれば、無である。〔……〕／無は、この直接的な、自分自身と等しいものとして、逆に、有であるところのものと同じものである。従って、有と無との真理は両者の統一であり、この統一は成である。〔……〕／成のうちにおける、無と一つのものとしての有、有と一つのものとしての無、それらは消滅するものにすぎない。成はそれ自身の内なる矛盾によって崩壊し、有無がそこで止揚されているごとき統一となる。その成果はかくて定有である。

（『エンチクロペディー』〔小論理学〕第八六－八九節　GW20. S. 122ff.）

存在する規定性としての質が実在性であるが、存在する規定性というのは、質のうちに含まれてはおりながらも〔存在する〕質とは区別される否定〔規定〕との対置においてである。この否定は、もはや抽象的な無ではなくして、一つの定有、或るものとして、もっぱらこの或るものの形式である。すなわち、それは他在〔Anderssein〕としてである。質は、この他在が質自身の規定ではありつつもさしあたってはこの他在が質から区別されていることによって、対他有〔Sein-für-Anderes 対‐他‐存在〕である。〔……〕質の有〔存在〕そのものは、この他者への関係との対置において、即自有〔Ansichsein 即自存在〕である。／

対自有〔Fürsichsein 対自存在〕は自分自身への関係としては直接性であり、否定的なものの自分自身への関係としては、自立的に存在するもの〔Fürsichseiendes 対自的に存在するもの〕、一者である。一者は自分自身のうちには区別を含まぬもの、従って、他者を自分から排除するものである。

（『エンチクロペディー』〔小論理学〕第九一、九六節　GW20. S. 13), S. 133）

日常的意識は、事物を有的なものと観じ、質、量、度という視角から事物を考察する。がしかし、これら直接的な規定は固定的なものではなくして、移行するものであることがわかる。そして、それら直接的な諸規定の弁証法の成果として出てくるのが本質である。

本質においては、もはや移行は生ぜず、唯関係あるのみである。関係という形式は有においてはわれわれの反省にすぎなかったが、本質においては関係は本質自身の規定である。もし（有の領域において）或るものが他のものになるとすれば、そのことでもって当の或るものは消失してしまう。本質にあってはそうではない。本質の領域においては、われわれは真の他者をもたない。そこにあるのは、もっぱら、差別、一者が自分固有の他者に対してもつ関係だけである。本質の移行は、それゆえ、同時に何ら移行ではない。というのは、異なったものが異なったものへと移行しても、異なったものは消失するのではなく、相異なる二つのものはあくまで関係の相にあるからである。たとえば、有と無という場合、有はそれ自身で在り、無もそれ自身で在る。ところが〔本質の領域に属するところの〕積極的なものと消極的なものとの場合にはおよそ事情が別である。これらはなるほど有および無という規定を帯びてはいるが、積極的なものはそれ自身〔単独〕では何ら意味をもたず、端的に消極的なものに関係づけられている。消極的なものの側についても同断である。有の領域においては、関係づけられているのは単に即自的にであり、本質においてはそれが措定されている。これが一般論として、有の形式と本質の形式との区別〔相違〕である。有においては一切が直接的であり、本質においては一切が相関的である。

（『エンチクロペディー』〔小論理学〕第一一一節補遺　Suhrkamp. VIII. S. 229f.）

本質は措定された概念としての概念である。本質においては諸規定は相関的であるにすぎず、まだ端的に自己へと反照〔復帰〕してはいない。それゆえ、概念はまだ対自として存在していない。本質は、自分自身の否定性を通じて自分を自分と媒介する有として、他者への関係であることによってのみ自分自身への関係である。尤も、この他者は直接的に有的なものとしてあるのではなく、一つの措定されたもの、媒介されたものとしてある。〔……〕／

本質は自分自身のうちで照り映える。言いかえれば、本質は純粋な反照であって、それは自分自身への関係にすぎないが、直接的な関係ではなく反照された関係、自分自身との同一性である。〔……〕／

本質が純粋な同一性、自分自身のうちでの照映であるのは、それが自分自身に関係する否定性、従って自分自身からの自己反撥であるかぎりでのことである。本質は、それゆえ、本質的に区別という規定を含んでいる。〔……〕／

即自的な〔自己に即した〕区別は、本質的な区別、積極的なものと消極的なものである。積極的なものは消極的なものではないという仕方で自分自身への同一関係であり、消極的なものは積極的なものではないという仕方で対自的に〔それ自身〕区別されたものである。両者の各々は、それが他者ではないという仕方で対自的〔自存的〕であるのであるから、各々は他者のうちに照映し、他者が存在するかぎりにおいてのみ存在する。本質の区別は、かくして、対立〔Entgegensetzung 対立措定〕である。このことからして、区別されたものは他者一般をではなくして、自分固有の他者を対立的にもっている。換言すれば、一者は他者との関係においてのみ自分固有の規定をもち、他者のうちへと反照されているかぎりにおいてのみ自分自身のうちへと反照されている。他者の側についても同様であって、各々は他者の固有の他者である。

〔……〕／

積極的なものと消極的なものとは、本質的に互いに制約しあっており、相互関係においてのみ存在する。磁石の北極は南極なしには存在しえず、南極は北極なしには存在しえない。磁石を切断すると一方の断片に北極、他方の断片に南極があるというようなことはない。同様に電気においても、陽電気と陰電気とは独立に存立する別々の流動体ではない。

対立においては、一般論として、区別されたものは自分に対して単に或る他者をもつのではなく、自分に固有の他者をもつのである。通常の意識は、区別されたものは相互に無関係〔gleichgültig〕であると考えている。たとえば、私は人間であり、私の周囲には空気、水、動物、および他者一般がある、と人々はいう。ここではすべてのものが別々になっている。哲学の目的は、これに反して、このような無関係性を排して諸事物の必然性を認識することにあり、他者をそれに固有の他者〔たる一者〕に対立するものとみるようにすることである。

たとえば、無機的自然は単に有機的なものとは別なものとみなさるべきではなく、有機的なものに必然的な他者とみなければならない。両者は本質的な相互関係のうちにあり、その一方は、それが他方を自分から排除し、しかもまさにそのことによって他方と関係するかぎりにおいてのみ存在するのである。同様に、自然もまた精神なしには存在せず、精神は自然なしには存在しない。〔……〕

近時の自然科学は、当初磁気に即して極性〔Polarität〕として知られた対立をもって、全自然を貫いているもの、普遍的な自然法則と認めるに至っているが、これは疑いもなく〔……〕本質的な進歩である。が、この場合大切なことは、またもや無造作に単なる差別〔Verschiedenheit〕を対立〔Entgegensetzung〕と並存させてしまわないことである。〔……〕／

悟性がそう主張するような抽象的な二者択一〔Entweder-Oder〕は、実際には、天上にも地上にも、精神界にも自然界にも存在しない。およそ存在するものはすべて、具体的なものであり、従って自分自身のうちで区別されたもの、対立的に措定されているものである。事物の有限性は、事物の直接的な定有が、事物が即自的に〔自己に即して〕あるところのものには照応していないというところに存する。たとえば、非有機的自然において酸は即自的には同時に塩基である。すなわち、それの存在は端的に、それが自分固有の他者と関係づけられているということにある。だから、酸は対立のうちに静かに止まっているものではなく、自分が即自的にそれであるところのものとして自己を定立しようと努めている。そもそも、世界を動かしているのは矛盾なのであって、矛盾なるものは考えられないなどと言うのは笑うべきことである。こういう主張が含んでいる正しい点は、矛盾ということで済ませてしまうわけにはいかないということ、矛盾は自分自身によって自己を止揚するということ、もっぱらこの点だけである。止揚された矛盾は、しかし、抽象的な同一性ではない。というのは、同一性はそれ自身、対立の一側面にすぎないからである。

〔『エンチクロペディー』〔小論理学〕第一一二、一一五、一一六、一一九、全補遺1、全補遺2 GW20. S. 143ff. (Suhrkamp. VIII. S. 231ff.)〕

自分自身への反照という照映が同時に自立的な直接態であり、また、さまざまな現実態の有が直接に自分自身への照映にすぎないことから、概念こそが有と本質との真理である。〔……〕／概念としての概念は、普遍性、特殊性、個別性という三つのモメンテを含んでいる。〔……〕／普遍性、特殊性、個別性は、抽象的に受けとれば〔本質論において展開したところの〕同一性、区別、根拠と同じものである。がしかし、普遍的なものは、特殊的なものおよび個別的なものを同時に自分のうちに含んでいるという意味をはっきりもった、自分と同一なものである。それから、特殊的なものは、区別されたもの、ないし、規定態ではあるが、ただし、自分のうちに普遍的に、しかも個別的なものとしてあるという意味でのそういうものである。同様にまた、個別的なものは、主体であること、つまり、類や種を自分のうちに含み、それ自身実体的であるような基盤という意味をもつ。〔……〕／

概念の真の区別、つまり、普遍的・特殊的・個別的概念のみが、概念の種別を形成するが、それは、概念の区別が外的な反省によって分離的にとらえられるかぎりでのことにすぎない。――概念の内在的な区別立ておよび内在的な規定づけは、判断というかたちで現存する。けだし、判断するということ〔das Urteilen 判断作用〕は概念を規定すること〔das Bestimmen 規定づけ、規定作用〕にほかならないからである。

（『エンチクロペディー』〔小論理学〕第一五九、一六三、一六四、一六五節　GW20. S. 174, S. 179ff.）

判断とは概念自身に即して措定された概念の規定性である。〔……〕概念の諸規定を相互的に対置させ合う〔das Gegeneinanderstellen〕のも概念自身のおこなう規定づけである。判断とは概念自身によっておこなわれる、そういう規定された概念の措定である。

判断作用は、それが概念自身による概念の規定作用であるかぎり、概念作用とは別の或る機能であって、より適切にいえば、それは概念のもつもう一方の機能なのである。〔……〕規定された概念としてどういうものが存在するか、また、概念のこれら諸規定がどのように必然的に生ずるか、このことは判断において自から挙示しなければならない。

判断は、それゆえ、概念の最初の実在化であると称されうる。（『大論理学』GW12. S. 53）

判断という場合、人々は通常、まず、主語と述語という二つの極の自立性を想い、主語とは或る事物ないし自存的な或る規定、述語とはこれまたかの主語の外部、私の頭のなかとでもいったところにある或る普遍的な規定、といった具合に考え、そこで述語が私によって主語と一纏めにされ、そうすることによって判断がおこなわれるのだ、と考えている。しかし、繋辞「である」が主語について述語を言表することによって、あの外面的で主観的な包摂作用はふたたび止揚されて、判断は対象自身の規定として受け取られる。――判断〔Urteil〕というドイツ語の語源的な意味はもっと深いものであって、概念の統一態を最初のものとして、そして、概念の区別を原始的な分割〔ursprüngliche Teilung〕として、表現している。これが判断の真相である。

抽象的な判断は〔例えば「ソクラテスは人間である」というように〕「個は普遍である」〔das Einzelne ist das Allgemeine〕という命題である。これが、概念の諸契機がその直接的な規定態において、つまり最初の抽象態において受け取られる場面で、主語と述語とがさしあたり相互にもつ規定である。（「特殊は普遍である」および「個別は特殊である」という命題は、もっと先へ進んだ判断の規定に属する）。いかなる判断においても、如上の命題「個は普遍である」ないし、より規定的にいえば「主語は述語である」（例えば「神は絶対的精神である」）ということが言表されている。しかるに、この事実が論理学で指摘されていないのは驚くべき欠陥であるとみなさざるをえない。もちろん、個別性と普遍性、主語と述語、これらの規定は相異なるものではあるが、しかし、だからといって、あらゆる判断が両者を同一のものとして言い表わしているということ、これが全く普遍的な事実であることには変わりない。

繋辞「である」は、概念はその外化〔Entäußerung〕においても自分自身と同一であるという概念の本性に由来するものであって、個と普遍とは、概念の契機として、切り離せない規定性なのである。先に論じた反照規定は相関関係において相互の関係をも持つが、その連関は持つというありかたにすぎず、それは「である」ではない。つまり、それは同一性として措定された同一性、ないし普遍性ではない。判断こそがはじめて概念の真の特殊性である。〔……〕／

判断は、普通、主観的な意味に受け取られて、単に自己意識的な思惟のうちでおこなわれる一つの操作および形式とみなされている。しかし、論理の世界ではこういう区別はまだ存在しないのであって、判断ということは全く普遍的に解さるべきである。

すべての事物は判断である〔Alle Dinge sind ein Urteil〕。——すなわち、事物は一つの普遍性であるところの個別であり、〔……〕個別化されてある一つの普遍的なものである。そこでは、普遍性と個別性とが区別されていると同時に同一でもある。

判断は、命題とは別ものである。命題は、主語の規定のうち、普遍性の関係にないようなものまで——一つの状態とか、個別的な行為とかいったものをも含んでいる。たとえば、カエサルは某年にローマで生まれたとか、ガリアで一〇年戦ったとか、ルビコン川を渡ったとか、こういったものは命題ではあっても判断ではない。〔……〕「馬車が通っている」というような命題は、通っているのが本当に馬車であるかどうか〔……〕疑わしいといった場合にのみ、主観的な判断ではあるがともかく一つの判断となるであろう。〔……〕正確にはまだ規定されていない表象に対して規定を見出すことに関心が向けられる場合にのみ、そうした命題も一応判断になるのである。

（『エンチクロペディー』〔小論理学〕第一六六、一六七節　GW20. S. 182ff.）

主語と述語とは、こうして、各々それ自身全き判断である。主語の直接的な性状が、まずは、現実的なものの個別性とそれの普遍性とを媒介する根拠として、判断の根拠として現われる。実際に措定されるのは、主語と述語との統一、概念それ自身であるところのこの統一である。

この概念は空虚な「である」という繫辞の充実であり、それの契機が同時に主語および述語として区別されていることによって、当の概念は主語と述語との統一として、両者を媒介する関係として措定されている。――これがすなわち推理である。／

推理は概念と判断との統一である。それは単純な同一性――判断の形式的区別がこれへと帰入している――としては概念であり、それが同時に実在性において、つまり、それの諸規定の区別の相で措定されているかぎりでは、判断である。推理こそが理性的なものである。

（『エンチクロペディー』〔小論理学〕第一八〇、一八一節　GW20. S. 191）

事物の本性、すなわち理性的なものは、必ずしも、第一にまず大前提、つまり現存の或る普遍に対する或る特殊性の関係づけが立てられ、そこで第二に、当の特殊性に対する或る個別性の分出された関係が見出され、そこからついに第三に、新しい命題が明るみに出る、といった具合に進展するわけではない。このような分出的諸命題を通じて進行する推論は主観的な形式にすぎず、事柄の本性は、区別された事象的概念規定が本質的な統一のうちで結合されることにある。〔……〕判断における認識の直接性はどちらかといえばむしろ単に主観的なものであるのに対して、推理は判断の真理である。――すべての事物は推理である〔Alle Dinge sind der Schluß〕。つまり、特殊性によって個別性と連結されている或る普遍的なものである。といってももちろん、事物というものは三つの命題から成る一全体というわけではない。
（『大論理学』GW12. S. 95）

理念が純粋概念とそれの実在性との絶対的統一として自己を措定し、そのことによって有の直接性へと凝集するとき、理念はこの形態における綜体性として——自然である。

この規定は、しかし、主観的概念がその綜体性において客観性になり、また、主観的目的が生命に成るといった〔……〕転成や移行ではない。概念の規定性ないし実在性がそれ自身、概念へと高まるのは理念においてであるが、純粋理念はむしろ絶対的な解放なのであって、〔……〕理念が自己を規定してそれになったこの単純な有は、理念にとって完全に透明でありつづける。それは自分の規定のうちにあって自分の許にとどまっている概念〔der in seiner Bestimmung bei sich selbst bleibende Begriff〕である。
（『大論理学』GW12. S. 253）

第三節　自然の哲理

絶対精神は、自己を絶対精神として自己認識しなければならない。それは、自分が生ける神として存在しているということ〔を自証すべく〕、自から絶対精神として或る他者にならねばならず、この他者のうちに自己を見出さねばならない。すなわち、絶対精神は自から自己自身の他者でありつつ、同時にまた絶対的に自己と相等であるときにのみ、生ける神である。自然、すなわちかかる他者としての在り方をしている絶対精神が、自分の実在性を無差別相で繰り展げる絶対精神である。

（『論理学・形而上学・自然哲学』 GW7. S. 187）

直接的で且つ外面的なものとしての自然に対して実践的に関わる場合、人間は自からも直接的に外面的な、故に、感性的な個体として振舞う。とはいえ、この個体は、当然のことながら、その際自然的対象に対して目的として挙措するものでもある。自然的対象をこのような関わりに即して考察するところから、有限な目的論的立場を生ずる。この立場においては、自然は絶

対的な終局目的を自分自身のうちに含んでいるわけではないという正当な前提がおかれている。〔……〕／

物理学と今日呼ばれるものは、嘗つて自然哲学と称したものであって、自然哲学と同様に、自然に関する理論的な、しかも思惟的な考察である。この考察は、一面からいえば、上述の目的のような自然にとって外面的な諸規定から出発するものではない。他面からいえば、それは自然のもつ普遍的なものを、それが同時に内在的に規定されるような仕方で認識することを目指すものである。謂うところの普遍的なもの、それはもろもろの力、法則、類であって、これらのものの内容は、これまた単なる寄せ集めであってはならず、整序され分類されて、一個の有機的組織体として際立てられねばならない。

自然哲学は概念把握的な考察であるからして、物理学のそれと同じ普遍的なものを対象とするが、しかしそれを対自的に〔それだけを〕対象とするのであり、普遍的なものを概念の自己規定に則ってそれ固有の、内在的な必然性において考察するのである。

哲学は自然の経験と合致するだけでなく、哲学的な学問の成立と形成は経験的な物理学を前提ならびに条件とせざるをえない。がしかし、或る学問の成立した経過や予備作業と当の学問そのものとは別である。こういうたぐいのものは学問そのもののうちではもはや基礎として現われることはできない。基礎たるべきものはむしろ概念の必然性である。〔……〕対象はそれの概念規定に則って哲学的行程のなかで順次挙示さるべきであるが、それにとどまらず、概念規定に対応する経験的現象の名前を挙げ、これが実際に概念規定に照応していることを提示していかねばならない。

（『エンチクロペディー』〔自然哲学〕第二四五、二四六節　GW20. S. 235ff.）

第一項　自然の概念

自然とは、自から自己自身に関係する絶対的精神である。絶対的精神の理念がすでに認識されているので、この〈自己自身に〉ということも一つの規定性として、ゆえにまた、自から自己自身に関係する精神が実在的な絶対的精神の一契機として認識される次第なのである。自然は、捉われざる〈自己自身との相等存在〉としてではなく、捉われたる精神として受け取られるのであって、この捉われたる精神の現実存在は無限性である。言いかえれば、それの現実存在は、それが自己自身に反照復帰することがとりもなおさずそれの〔捉われからの〕解放であり、〈自からをこの他者のうちにおいて絶対的精神として見出す精神〉へのそれの移行である。この自然観は、それゆえ、次のような具合に規定される。すなわち、自然は単に精神の理念として現われるのではなく、理念とはいっても、或る規定態であって絶対的に実在的な精神に対立措定されているような、そして、自分自身に即してこの他者〔他在的な在り方〕の矛盾を――絶対的精神であるという自分〔理念〕の本質に対立して――持つような、そういう理念として現われる、という具合に規定されることになる。

自己自身への関係の第一の契機は、なるほど、高次の反省〔反照〕の立場においてはじめて、他者として、つまり無限性の規定態として現われる。そうではあるが、しかし、当の立場は精神の理念のうちにもともと存在しているものなのである。〔……〕精神の第一の契機、すなわち、精神の実在性は、この契機が自分自身の他者となり、依って精神が自分自身の他者となり、しかもこの他者のうちにおいて自己自身と相等であるということである。という次第で、自然というものは、われわれにとっては、精神の理念からして、すでに、自分自身の他者としての〔在り方をしている〕絶対的精神なのである。

（『論理学・形而上学・自然哲学』GW7. S. 179）

自然というものがもし単なる物質にすぎず、〈主観 - 客観〉でないとすれば、認識するものと認識されるものとがそれにとっては当然一体であるような学問的構成を自然に関しておこなうことはそもそも不可能であろう。〔……〕絶対者は現実存在の形式において自己を定立するとともに、形式の二様性において自己を定立せざるをえない。けだし、〈現象すること〉と〈自己を二つに分裂させること〉とは一つのことだからである。

（『差異』　GW4. S. 70f.）

自然の精神は隠れた精神である。それは精神の形姿をとっては現われない。それはただ認識する精神にとってのみ精神である。つまりそれは即自的〔an ihm selbst〕にのみ精神なのであって、対自的〔für sich selbst〕に精神なのではない。

（『論理学・形而上学・自然哲学』　GW7. S. 185）

自然とは、他在一般の形姿をとった絶対理念である。言いかえれば、それは直接性一般という規定の相にある絶対的本質である。

（『哲学予備門』〔上級のための哲学的エンチクロペディー〕第九六節〈GWでは第九九節〉GW10, 1. S. 80 (Suhrkamp. IV. S. 33)）

自然は、このゆえに、その定在において、自由ならずして、必然性と偶然性を呈する。〔……〕自然は、それをまさしく自然たらしめる当の規定された現実存在からすれば、神化するわけにはいかないのであって、太陽、月、動物、植物等々は、なかんずく、人間の行為や事蹟に先立てて、神の業《ヴエルク》とみなしてこれを顕揚するわけにはいかない。自然は即自的には、つまり理念においては神的である。とはいえ、現に在る相では、自然の存在は自然の概念に適応しない。自然はむしろ解消されざる矛盾である。〔……〕／自然は諸々の階梯からなる一つの体系として考察さるべきであって、そこでは一つの階梯が他の階梯から必然的に生じて来る。〔……〕とはいえ、一つの階梯が他の階梯から自然に産出されるというのではない。自然の基盤をなしている内奥の理念のうちでそれが生ずるのである。姿態変換〔Metamorphose〕は概念としての概念にのみ帰属する。けだし、概念の変化であってはじめて発展と言えるからである。但し、概念は、自然においては、一部は単に内面的なものにすぎず、一部は生ける個体としてのみ現存するのであるから、現存する姿態変換は生ける個体にのみ限られる。〔……〕／

自然は即自的には一つの生ける全体である。

（『エンチクロペディー』〔自然哲学〕第二四八、二四九、二五一節　GW20. S. 237, S. 238f., S. 241）

全体は自立的なものであり、諸部分はこの統一態の契機たるにすぎない。とはいえ、部分もまた同様に自立的なものであり、諸部分の反照された統一は単に一つの契機にすぎない。かくて、各々はそれぞれ端的な自立性のうちにおいて或る他者の相関者である。この関係は、それゆえ、それ自身において直接的な矛盾であり、自己を止揚する。

この間の事情をもう少し立ち入って考察しておけば、全体は反照された統一であって、この統一はそれ自身で〔für sich〕自立的な存立をもっている。とはいえ、この統一の存立は同時にまた当の統一によって反撥される。全体は否定的な統一として、自分自身への否定的な関連である。そのため、この統一は自己を外化〔sich entäußern 崩壊〕する。それは自己の存立を、自己の対立措定態、つまり多様な直接性、諸部分に即して有する。従って、全体は諸部分から成り、部分なくしては全体もなしという在り方になっている。全体というものは、かくして、全体的な関係であり、自立的な綜体性である。が、まさにこの理由からして、全体というものは一つの相関的なものにすぎない。けだし、それを綜体性たらしめるものは、むしろそれの他者、つまり諸部分だからである。〔……〕

諸部分もまた同様に全体的な関係である。諸部分というものは、反照された自立性に対立する直接的な自立性であって、全体のうちで成立するのではなく、それ自身で存在する。諸部分は、そのうえ、この全体を自分の契機として自分に即してもっている。この「全体という契機が諸部分の関連を形成する。全体がなければ部分も存在しない。しかし、部分は自立的なものであるから、この関連は外面的な契機たるにすぎず、この外面的な契機に対して諸部分は即かつ対自的に「全く」無関心である。とはいえ、同時に、諸部分は多様な現存として、自己崩壊する。けだし、多様「バラバラ」な現存は反照なき存在だからである。諸部分はその自立性をもっぱら反照された統一のうちにのみもつ。この反照された統一なるものは、当の統一であるとともに現存する多様でもあるのであって、言いかえれば、諸部分は全体のうちにおいてのみ自立性をもつのであるが、この際、この全体というものは諸部分とは別の自立性である。

全体と部分とは、かくして、相互に制約し合う。〔……〕

ところで、関係する側面が、いずれも自分の自立性を自分自身のうちにではなく、自分の他者のうちにもつのであるから、現前するのは、もっぱら両者の、ただ一つの同一性であり、両者はこのうちにあっては契機たるにすぎない。両者はしかし、各々自分自身に即して自立的であるから、各々相互に無関心的な、二つの自立的現存である。

第一の視角、つまり両側面の本質的同一性ということからみれば、全体は諸部分に等しく、諸部分は全体に等しい。部分のうちにないものは全体のうちにもなく、全体のうちにないものは部分のうちにもない。全体というものは抽象的な統一ではなくして、差異的な多様性の統一としての統一である。しかるにこの統一は、多様なものがそこにおいて互いに関連し合うところのものとして、多様なるものを部分たらしめる当のものの規定性である。かくして、関係は一つの不可分な同一性をもち、ただ一つの自立性をもつ。

しかし、次に、〔第二の視角、つまり自立性ということからみれば〕全体は部分に等しいが、それは部分としての部分に等しいのではない。全体は反照された統一である。それにひきかえ、諸部分は統一の特定の〔bestimmte 規定された〕契機、ないし統一の他在を形成するものであって、差異的な多様体である。全体は部分に等しいと言っても、こういう自立的な差異体としての部分と等しいのではなく、これらを総括したものとしてのそれに等しいのである。しかるに、諸部分のこの総括たるや、諸部分の統一、つまり全体そのもの以外の何ものでもない。（『大論理学』GW11. S. 355ff.）

　よしんばそれ自身としては全体であっても、他のものどもに依存していないような、そしてより大きな体系の部分であり分肢であるのではないような物体は存在しない。それゆえ天体といえども完全な自由をもつものではない。とはいえ、天体は最大の自由と重力からの独立性をもっている。故に、惑星は、直線軌道で無限空間をさまよっているうち、偶々、太陽の近傍を通過する際に太陽の軌道に取り込まれ、従って、円形軌道へ強いられたというわけではない。惑星は太陽から、仮定された遠心力によって一定の距離に保たれているのでもない。そうではなくて、太陽とともに根源的な一体系を形成しているのである。そして真の内在力によって相互に結合され、相互に分離されているのである。（『惑星軌道論』GW5. S. 248）

＊

階梯的行程を通じて進捗する自然の運動は、〔……〕理念がその直接性と外面性から自己自身に回帰する途行きであって、理念はまず生けるものとなって存在し、さらには、この規定態をも止揚して〔……〕精神としての現存へと自己を造成する。〔……〕／

自然としての理念は

I　相互外在、無際限な個別化という規定の相にあり、形式の統一性はその外部にある。形式の統一性は、それゆえ、観念的な、即自的に存在するにすぎないような、従ってこじつけ〔所求のもの〕にすぎないような統一性である。物質とその観念的な体系——力学

II　特殊性という規定の相にあり、実在性が内在的な形式規定を以って、また、この形式規定に現出している差異を以って措定されている在り方。反照関係、これの内自有〔Insichsein 自己内存在〕が自然にある個体性なのであるが——物理学

III　主体性という規定の相にあり、ここでは形式の実在的な区別が、自分自身を見出して対自的にあるような観念的な統一態へと復帰している——有機学。

（『エンチクロペディー』〔自然哲学〕第二五一、二五二節　GW20. S. 241f.）

第二項　時空と物質

自然の最初の規定、言いかえれば、自然の直接的な規定は、それの外自有〔Außersichsein 自己外存在〕の抽象的な普遍性であり――当の外自有の媒介なき無関心性、空間である。空間は、外自有であるがゆえに全く観念的な並存〔Nebeneinander〕であり、この相互外在〔Außereinander〕がまだ全く抽象的で何ら規定された区別を内にもっていないがゆえに、端的に連続的である。〔……〕／

点として空間に関わり、空間のうちで自分の諸規定を線や面として展開する否定性は、しかし、外自有の圏域において自立的〔für sich〕であるだけでなく、同時にまた、そこにおける否定性の諸規定は外自有の圏域において措定的であり、その際静止的な並存に対しては無関心的に現象する。このように自立的に措定されたものとして、当の否定性が時間である。／

時間は、外自有の否定的な統一として、これまた端的に抽象的なもの、観念的なものである。時間は、あることによってなく、ないことによってあるところの有であり、直観された成である。〔……〕

時間は空間と同様、感性または直観の純粋形式であり、〈非感性的な感性的なもの〉である。しかし、空間にとってと同様、時間にとっても、客観性とこれに対立する主観的意識との区別ということは問題外である。空間および時間にそういう規定を適用するとすれば、空間は抽象的な客観性、時間は抽象的な主観性ということになろうが、そもそもそういう適用が許されないのである。時間は、我＝我という純粋自己意識のそれと同一の原理である。しかし、この原理ないし単純な概念は、まだ全き外面性と抽象態のうちにあり、直観された単なる成であって、端的な自己外出立〔Außersichkommen〕としての純粋な内自有〔Insichsein 自己内存在〕である。

時間は、空間がそうであるのと同様、連続的である。けだし、時間は抽象的に自分で自分に関わる否定性であり、このような抽象態のうちにはまだいかなる実在的な区別も存在しないからである。

人々は、時間のなかで万事が生成・消滅すると言う。万事を、つまり時間を充たすもの、それからまた空間を充たすものを捨象してしまえば、空虚な時間および空虚な空間が残る。すなわち、この場合には、外面性のこれら二つの抽象が措定され、あたかもそれらのものが自立的に存在するかのように表象されるわけである。しかし、時間のなかで万事が生成・消滅するのではなく、時間そのものがこの成、つまり、生成・消滅なのであり、時間そのものが、存在する抽象作用、万事を産み出してはその産児を喰い殺すクロノスなのである。実在的なものは、なるほど時間とは別ものではあるが、しかしまた本質的に時間と同じものでもある。〔……〕／現在、未来、過去という時間の次元は、外面性の成そのものであり、また、この成の解消――つまり、〈無へ移行する有〉と〈有へ移行する無〉との区別への成の解消である。これらの区別が直接的に消失して個別性になっているもの、それが今としての現在であり、この今は個別性として排他的であるが同時に端的に連続的であって他の諸契機へ入りこむ。今はそれ自身、それの有が無へ、そして、無がそれの有へ転ずる当の消失にすぎない。

（『エンチクロペディー』〔自然哲学〕第二五四、二五七、二五八、二五九節 GW20. S. 243, S. 247f., S. 249）

自己の無限性において絶対的に自己内に反照しているこのもの、すなわち無限性のあらゆる契機を自己自身の内で消尽している自己同等者は、安静で没規定的な浄福なる精神である。それは、こういう純粋な不動の安静として、運動から、というよりもむしろ運動のなかで自己内に還帰せるものであり、あらゆる事物の絶対的な根拠にして且つ本質をなすものである。それはエーテル、言いかえれば絶対的質料〔Materie 物質〕である。それは絶対的に弾性的なもの、いかなる形式〔形態〕をも斥けるものであって、まさにそのゆえに絶対的に柔軟なもの、いかなる形式をも身に帯び、体現するものでもある。エーテルは絶対的精神である。〔……〕エーテルが万物に浸透するのではなく、エーテルそのものが万物なのである。〔絶対的質料の〕存在、存立それ自身が、この絶対的な発酵過程、換言すれば、存在すると同時にまた存在しないという絶対的な不安静にほかならないのである。

（『論理学・形而上学・自然哲学』 GW7. S. 188f.）

自己の概念に還帰した定在の理念は、いまや絶対的質料もしくはエーテルと呼ばれてよい。これが純粋精神と同じ意味だということが明らかになる。というのは、この絶対的質料は、何ら感性的なものではなく、それ自身のうちで純粋な概念としての概念だからである。〔……〕かくしてその単純性と自己相等性において、それは没規定的で浄福な精神、不動の安静、もしくは他在から永遠に自己内に還帰せる存在者《ヴエーゼン》である。あらゆる事物の実体にして且つ存在であるとともに、あらゆる形式と規定性を斥けて、それらを自己内に解消してしまっている無限の弾性、しかしまさにそのゆえに絶対的な柔軟性、あらゆる形式の可能性である。それゆえ、エーテルが万物に浸透するのではなく、エーテルそのものが万物なのである。けだしエーテルが存在〔有〕なのだからである。エーテルは自己の外に何ももたず、変化することもない。なぜならエーテルは万物の解消であり、純粋で単純な否定性、流動的で濁りなき透明性だからである。この純粋な存在者が、その自己相等性において存在へと還帰すると、これは区別として、の区別を自己内で消尽し、置き去りにしてしまっている。そして、それは区別に対立してあらわれる。言葉をかえると、エーテルとは、その生成をかかる本質としての区別に即して表わすには至っていないような即自〔存在〕なのである。〔……〕エーテルは純粋な自己意識であり、これは存在するもの一般として規定されていて、そこに存在〔定在〕するものとしては、つまり実在的には規定されていない。しかし、定在していない存在というこの規定性は定在に移行する。〔……〕定在するエーテルは、直接的には空間である。

（『実在哲学II』 GW8. S. 3f.）

真に無限なものとして直接的に自己を開示するエーテルのモメンテが、空間と時間である。そしてこの無限そのものが運動であり、総体として諸領域ないし諸運動の一つの体系である。〔……〕／

時間と空間との実在的な統一は、両者を自から分離するものとして、分離するやいなや自己自身を止揚するものとして内含している。この実在的な統一そのものは単純であり、エーテルの〔もつ〕実在的な無限である。このエーテルのモメンテである時間と空間そのものは絶対的に単純なのであるが、無限を、モメンテを固定する働きとしてではなくて、直接的に止揚されているものとして表わす。この実在的な無限が運動である。絶対的質料すなわちエーテルは、それが自分と相等で且つ無限なものとの統一になっていないかぎりでは、空間の空虚な抽象である。つまり物質は本質的に運動なのである。惰性的物質とは形而上学的な仮構の一つであり、実在と称する抽象の一つである。

（『論理学・形而上学・自然哲学』 GW 7. S 192, S. 203）

＊

物質はそれのもつ否定性というモメント、抽象的な個別化というモメントによって、自分自身との同一性に対抗して自からを分極化せしめる。これがすなわち物質の反撥である。ところで、これら差別化されたものは一個同一のものであるから、この相互外在的な対自存在の否定的統一もまた同様に本質的である。このため、物質は連続的である。これがすなわち物質の牽引である。物質は不可分離的に両者であり、これらモメンテの否定的統一、すなわち個別性である。しかし、個別性とはいっても、物質の直接的な相互外在とはまだ区別されるような個別性であり、それゆえ、それ自身はまだ物質的に措定されていない観念的な個別性、中心点である。これがすなわち重力である。

カントが『自然学の形而上学的原理』のなかで、物質に関するいわゆる構成の試みをおこない、そのことによって物質という概念の端初を開き、当の試みで以って自然哲学という概念を再醒せしめたのは、これまた彼の功績の一つである。しかしながら、彼はその際、牽引力と反撥力という反照規定を互いに固定的な規定とみなしてしまっており、物質というものは牽引力と反撥力とから生ずるとしながらも、物質をまたもや一つの出来あがったものとして前提している。つまり、牽引されたり反撥されたりする当のもの、それはすでに物質である、という具合に考えている。〔……〕重力物質であってはじめて綜体性であり、実在的なもの、つまり、牽引と反撥がそこにおいて生じうるものである。〔……〕物質は、牽引と反撥ということが概念契機であるかぎりにおいてのみ両者から帰結するのであって、両者の現象に対しては物質のほうが前提〔先行的に措定されているもの〕である。

重力は単なる牽引とは本質的に区別さるべきである。牽引は単に一般的に相互外在の止揚たるにすぎず、単なる連続性を与えるにすぎない。これに対して重力は、相互外在的で且つ連続的な特殊性を、否定的な自己関係たる統一へ、すなわち、一つの（といってもまだ全く抽象的な）主体性である個別性へ還元するものである。自然の最初の直接態の圏域では、しかし、外自的に存在する連続性はまだ存立するものとして措定されている。物質的な〈自己‐内‐反照〉が始まるのは物理の圏域に至ってからである。〔……〕物質はまず本質的にそれ自身重力的〔重い〕である。重さをもつということは物質から切り離せるような外的な一性質ではない。重力〔Schwere 重さ、重量〕が物質の実体性を形成する。物質そのものが中心点への――ただし（これがもう一つの本質的規定なのであるが）自分の外部に落ちる〔属する〕中心点への――傾動なのである。〔……〕中心点は物質的なものと考えてはならない。というのは、物質的なものが物質的なものたる所以は、つまりそれの中心点を自分の外部に措定することに存するからである。中心点ではなく、中心点への傾動こそが物質に内在的である。重力はいわば、対自有の相における物質の外自有が空無であること、すなわち、物質の非自立性、物質の矛盾の告白である。

重力は物質の内自有〔自己内存在〕であると言うこともできよう。

（『エンチクロペディー』〔自然哲学〕第二六二節　GW20. S. 254f.）

> 接線の幾何学的必然性は決して接線上の物理的な力の必然性を伴うものではない。〔……〕／遠心力と求心力との結合原理は存在せず、背反する対立的な性格をもったそれらの力が〔円運動において〕なにゆえ直線上ではなく、対立する直線を二つの線に分かつ一定の角度で対立させられるのかということを説明できない。これらの力が共通の原理を欠いているということによって、それらの力が全く観念的な力であり、物理的な力ではないということが、告白されている。かくして、かの〔ニュートンの〕実験哲学は、共通のものをもたない、異質な諸力から現象を構成しようと試みている。〔……〕真の哲学は実験哲学の原理を斥ける。〔……〕太陽と惑星と慧星の運動を、求心力と遠心力の関係から説明しようとするならば、それは何の必然性もなく仕立てられたものだ〔……〕と言わざるをえない。
>
> （『惑星軌道論』　GW5. S. 240f.）

物質は、さしあたっては、単に普遍的で直接的なものとして、量的な区別しかもたず、さまざまな定量に特殊化されている。これが質量である。質量は、一つの全体つまり一という外面的な規定の相にあるとき物体である。ところで、物体もまた同様にそれの観念性と直接的に区別されており、本質的に空間・時間的であるが、空間および時間の内に〔in〕在るものとしてそうなのであり、空間や時間という形式に無関心なそれら〔空間および時間〕の内容〔Inhalt〕として現われる。／

時間をそのうちで止揚した空間規定という視角からみれば、物体は持続的であり、無関心的な空間的存立をそのうちで止揚した時間規定という視角からみれば、物体は無常的である。総じていえば、物体は全く偶然的な一者である。物体は空間と時間という両契機をそれらの対立措定において結合する統一、すなわち運動ではあるが、しかし、物体は空間と時間とに対して、また両者の関連たる運動に対して無関心的であり、こういうものとしての物体に対して運動は、運動に対する物体の否定である静止と同様、外面的である。物体は惰性的である。〔……〕／

物質の実体、つまり重力は、形式の綜体性にまで展開されるに至るや、物質の外自有をもはや自分の外部にはもたない。〔……〕物質は自己の外自有を綜体性のうちで否定することにおいて、以前には単に求められていた〔gesucht こじつけられていた〕にすぎない中心、自分の〈自己〉、形式規定性を自分自身において保持するに至っている。重さ一般という抽象的で暗い物質の内自有が、形式へと展開されており、物質は質化された物質である。——物理学。

（『エンチクロペディー』〔自然哲学〕第二六三、二六四、二七一節　GW20. S. 256, S. 275）

第三項　物性と生体

物質が対自有をもつかぎり、しかも、この対自有が物質のうちで展開し、そのことによって物質が自分自身に即して規定されるという具合になっているかぎりで、物質は個体性をもつ。物質はこのような在り方で重力から自己を解放し、自己を自分自身に即して規定するものとして顕示し、自己に内在的な形式によって自から、空間的なものを重力に対抗して規定する。

（『エンチクロペディー』〔自然哲学〕第二七二節　GW20. S. 276）

物理的自然の定在の第一の契機は磁気であり、個体的統一点の対立――といっても、これはまだ概念のうちに含まれたものにとどまっているが――への分極である。／第二の契機は、対立の両側面の実現、すなわち、対立の両側面が解離され各自固有の組成になることである。第一に、電気。これはまだ物体化されずに、絶対的な相互緊張のうちにある流動的な対立現象である。第二に、化学的元素。これは物体性の質的な区別体であり、固有の物質というかたちはとっているが、まだ抽象的で現実的な個体性はもたない。第三に、物理的物体。これにあっては質的な諸規定が具体的な物体性のかたちをとっており、そのことによって物理的物体は物体性のあらゆる契機を内に含むことになるが、しかしそれはこれら諸契機つまり質のうちどれか一つのものの規定のもとにおいてであり、従って物理的諸物体は形態上互いに無関心な存立をもつことになる。(a)物理学的原素、(b)絶対的物体、つまり天体、(c)細分化され個別化された状態に移行している地上的諸物体。／

(第三の契機は化学的過程である。諸物体の個別化、ならびに、互いに無関心的な固有の自立的存立は、同時に、諸物体交互の一種の関連でもあって、単なる相互的緊張ではなく対立的措定でもあり、活動し作用しようとする熱狂〔Begeisterung 精神を吹き込むこと〕でもある。このため、物体の無関心的な存立は自から止揚され、綜体性の統一へと還元される。この回帰の過程は、しかし、生ける自然においては、構成の過程に帰一するのであって、或る諸側面の結合は同時に無関心的な現存体の排斥・排泄となる。——GWでは欠落)

(『哲学予備門』〔上級のための哲学的エンチクロペディー〕第一一八－一一九節
〈GWでは第一一七－一一八節〉 GW10, 1. S. 83 (Suhrkamp. IV. S. 39))

＊

「自然に飛躍なし」と言われる。〔……〕日常的表象は生成または消滅を理解しようとする場合、これを漸次的な発生または消失として表象することで以って概念的に把握したつもりになる。しかしながら、一般論として、有の変化は或る量から別の或る量への移行ではなくして、質から量への、および、量から質への移行であり、他者への転成〔ein Anderswerden〕、つまり、漸次性の中断であり、従前の定有に対して質的に別物となるような、他者への転成である。水は冷却されるとき、まず糊状になってそれから漸次に氷の堅さにまで固まるという具合に、段々に堅くなっていくのではなく、一気に固まる。水が静止している場合、氷点温度になっても液状を保ったままということが起こりうるが、そこでほんのちょっと揺さぶっただけで固体の状態へと一変する。

生成の漸次性というとき、生成しつつある当のものが、すでに、感性的に、とまでは言わないまでも、現実的に現存してはいるのだが、ただ、それが微小であるため未だ知覚されるところまでは行っていないのだ、というような表象が根底におかれている。また、消失の漸次性というときにも、代りに登場する非有ないし他者が、すでに現存してはいるのだが、ただ、まだ気付かれないだけだ、という具合に考えられている。しかも、この際、現存しているということの意味は、今在るもののうちにそれに代るべき他者が即自的に含まれているという謂いではなく、当の他者が定有として、ただし気付かれずに、既存しているという謂いで考えられていある始末なのである。こういう考えでは、生成・消滅ということがそもそも廃棄されてしまう。ないしは、即自、つまり或るものがそれの定有に先立ってそういうものとしてあるところの内面的なものが、外面的な定有の微小性ということに転化され、本質的な区別ないし概念的な区別が、外面的な単なる量的な区別にすりかえられてしまう。〔……〕有の圏域で考察するかぎり、道徳上の事柄においても、質から量への移行という同じ事態が見られる。〔……〕軽率の度を越すと、この多寡によって全く別のもの、つまり犯罪になる。一定の度を越す多寡によって法が不法に、徳が悪徳に移行する。――国家でさえ、その量的な相違によって、〔……〕相異なった質的性格をもつことになる。国家の領土が拡がり、国民の数が殖えると、法律や政体が別のものに変わる。

（『大論理学』GW21. S. 368f.）

ここに述べたような質から量への移行は、通常の意識には存しない。通常の意識には、質と量とは一対の自立的に並存する規定とみなされている。従って、通常の意識は、事物は質的にのみならず量的にも規定されていると言い、これらの規定がどこから由来し、どのような相互関係にあるかを問い進むことはしない。が、量は止揚された質にほかならない。〔……〕この止揚された質は、もはや抽象的な無でもなければ、同様に抽象的で没規定的な有でもなく、規定性に無関心的な有にすぎない。通常の表象において量として泛かんでいるのはこういう有の姿態なのである。

（『エンチクロペディー』〔小論理学〕第九八節補遺2　Suhrkamp. VIII. S. 208f.）

自からから自己自身に関係する運動という考えからすれば、そういう運動には区別項が存在しないということが明らかになる。運動するのはただの表面である。〔……〕ここに定立されているのは全体である。しかもこの全体が運動しなければならない。区別項を産み出すことのできるものがあるとすれば、全体が全体から自からを区別するということでしかあるまい。視角をかえていえば、点、線、面は運動しない。位置の変動は存在しない。けだし、点、線、面は互に同じ状態を保っているからである。全体は静止した運動である。運動が現実的であるためには、概念上、静止は運動に対して、回転軸は〔回転〕物体に対して無関係なものであってはならない。これらは一つの統一のうちにあるのであるから、静止と運動としてそれらは互に止揚し合う。両者はただ止揚されたものとしてのみ存在する。すなわち、ここで運動であるものにおける区別項は実在的な区別項、物体という区別項ではない。静止しているのは物体ではなく、線であり、運動しているものが区別されるのは物体によってではなく位置によってである。この区別たるや、つまり、持続〔時間〕に帰属する区別なのである。〔……〕／

天体系はかかる全体なのであって、そこにおいては各契機が自立的定在をもち、そして同時に全体のみが各契機の生命である。

（『実在哲学Ⅱ』 GW8. S. 26f., S. 33）

この普遍的生命、大地は生ける部分をもつ。〔……〕大地の固有の生命は、大地が普遍的な、すなわち直接的な個体であることにおいて規定される。大地という堅固な組織体は、自己の生命をまだ霊というかたちではもたず、普遍的な生命というかたちで在るもの、存在というエレメントのうちにある生命である。それは、精神を与えられていない形態としてその肢体〔項〕を展開する非有機的大地である。

（『実在哲学Ⅱ』GW8. S. 110, S. 112）

有機体は二つの過程の統一であり、しかもこの統一が一個の円環を形づくる。〔……〕一方は自己保存の円環運動であり〔……〕他方は類の円環運動である。〔……〕有機体は諸元素《エレメンテ》〔非有機的自然〕の過程を自己内に摂取することと〔自己保存〕によって、外部に向かった、この諸元素の過程との〔第一の〕差異〔……〕を止揚する。かかる有機体は、この差異を自己に内在化させ、自己分裂して、差異する〔相異なる〕有機的諸個体のかたちをとった両性に分かれる。しかし同時にこの〔第二の〕差異を止揚し〔これが類の過程・生殖〕、第一の差異に還帰する。そこ〔自己保存〕においては、有機体は自己の他在を、自分にとって非有機的な過程の綜体性だと直観的に思いこんで、これが〔自分と〕同じ綜体性だということに気付かない。〔類過程においては〕この他在が有機体にとって〔……〕〈彼の他在が同じ有機体である〉といえるほどまでになる。そしてこの〔性の〕差異が再び第一の差異に還帰する。

両方の差異が直接的に浸透し合う。非有機的過程との差異が止揚されるということが、性別という差異となり、この〔第二の〕差異が止揚されるということが、第一の差異となる。

ここから分かるのは、有機的個体性は、それ自身の内で、二重の運動の絶対的統一である〔……〕ということである。大地の本質は有機体のうちに完全に実現される。換言すれば有機体において大地は自己自身に達し、二重の運動の絶対的統一として生み出される。

（『実在哲学I』 GW6. S. 186f.）

有機的過程の概念。有機的形態は〔……〕本質的に自己内に還帰する。それは現実的な〈自己〉である。〔……〕有機体は、以下のごとき過程の経過、運動である。

（α）個別性の過程。自己内へと反照復帰した〈自己〉として有機体は、即自的に類であるところの一者である。〈自己〉として有機体は、普遍者を〈自己〉の他者として自己に対立させる。この普遍者は、それゆえ、自己内に反照復帰していない普遍者、直接的な自然、つまり非有機的な自然である。有機体は本質的にいって自分と一体であるところの自分の威力たるこの非有機的普遍者に対して関わりをもつが、それが否定的なものであるかぎりでは、同時にそれの自立性を侵し、それを直接的に自己に同化する。

（β）個体の過程。有機体はいまや抽象的普遍者と類との対立を我が身に即してもっている。有機体は、自分の普遍的自然に対峙する過程、つまり自分を食い尽し、自己を特殊化し、形態化する過程である。こうした個体化は、単純な類としての自己の止揚であり、二つの対立する自立的個体への分裂であり、これの統一が類〔生殖〕。

（γ）つまり性関係である。類の過程。こうした対立がそこにおいて止揚されるところの過程は有機体の直接的な、性の区別なき単純性を回復する。有機体は自己を自己内で、自己の反対物（抽象的普遍）へと分裂させる。こうしてこの過程は出発点〔始元〕に戻る。

（『実在哲学I』 GW8. S. 300f.）

類の自己媒介の過程は、「類と種」および、「性関係」という二つの関係において、諸個体への類の分化、ならびにこれら区別項の止揚を通じて進展する。類はしかし、さらに、個体に対立する外面的な普遍性、非有機的な自然という形態をもとることにおいて、抽象的・否定的な仕方で、自己を個体のもとで現存せしめる。〔……〕／

個々の動物を有限な現存たらしめる所以の普遍性は、動物の内部で進行するそれ自身抽象的な過程の終りにあたって、動物の身に抽象的な威力となって立ち現われる。普遍性への不適合、これが動物の本源的な病気であり、生得的な死の萌芽である。この不適合性の止揚は、それ自身この運命の完成である。個体は自分の個別性を普遍性に嵌入することによって当の不適合性を止揚するのであるが、しかし、普遍性が抽象的で直接的なものであるかぎり、自己の個別性を普遍性に嵌入してみたところで、抽象的な客観性に達するにすぎず、個体の活動はそこでは鈍化し硬化してしまう。そして、生命は過程なき惰性〔Gewohnheit 習慣〕と化し、こうして個体はわれとわが身を殺すことになる。／

しかし、このようにして達成された普遍性との同一性は、形式的な対立、すなわち、直接的な個別性と個体性のもつ普遍性との対立の止揚であり、これは自然的なものの死という一側面、しかも抽象的な側面にすぎない。しかるに、生命という理念においては、主体性をなすものは概念であり、それゆえ主体性は即自的には現実性の絶対的な内自有であり具体的普遍である。

主体性は、ここに述べたような止揚によって、つまり、自分の実在性の直接性を止揚することによって、自分自身と合一するに至っている。このことによって、自然の最後の外自有が止揚され、自然のうちに単に即自的に存在するにすぎなかった概念が、いまや対自的になっている。――こうして、自然はその真理へ、つまり、概念の主体性へ移行している。この主体性の客観性は、それ自身、個別性の直接性が止揚されて成ったもの、具体的普遍である。かくして、自分にふさわしい実在性、つまり概念を自分の定在としてもっているような、そういう概念が措定されるに至っている。――これがすなわち精神である。

（『エンチクロペディー』〔自然哲学〕第三七一、三七五、三七六節　GW20. S. 370f., S. 374f.）

精神において、〔自然哲学の始元にあった〕絶対的に単純なエーテルは、大地の無限性を縦貫して、自己自身へと還帰している。大地一般において、エーテルの絶対的単純性と無限性とのこうした一体的存在が現存しているが、――普遍的な流動性へと拡散し――拡散した相においては自からを個別者として固定する。動物にとって本質的な規定性をなす個別性のかかる数的一性《アインス》は、それ自身、観念的なものとなり、一個の契機となっている。精神のこのように規定された概念が、単純なものと無限性との一体的存在の概念としての、意識である。

（『実在哲学Ｉ』　GW6. S. 265f.）

Ⅳ　人間と社会

本章では、ヘーゲル哲学体系の第三部門たる精神哲学のうち、主観的精神論の一端と客観的精神論の中枢部を、第一節「精神と人倫」、第二節「労働と社会」、第三節「理性と国家」の順でみていく。

ヘーゲル哲学における絶対精神の祖型は、彼が修学時代に想い入れたギリシア的ポリスの理想化ともいうべき「人倫」に溯源することができる。この「人倫」の内容は、絶対精神という概念の確立にともなって、また事象的知識の深化にともなって改修されるが、ヘーゲルの場合、人倫観が、社会・国家・歴史哲学のみならず、全体と部分、普遍と個別、ひいては、実体と主体、等々に関わる、彼の存在観の構制を「構造的に決定」していると言うことができる。――ヘーゲルは、近代の原子論的・機械論的な社会観に対して、人間を本源的に社会《ポリス》・国家的動物とみたアリストテレスを復権したのであったが、彼の人間存在論・社会存在論の要訣をなすものが人倫論にほかならない。ヘーゲルは、生命活動の原基的な場面に定位しつつ、欲望とその充当の構造に留目し、人間における欲求とその充足の在り方に即して、労働という対象的・社会的活動、および、そこに成り立つ対他的・対自的な人間関係を剔抉《てっけつ》する。第一節では、この間の事情を点描しつつ、有名な「主人と奴隷」の弁証法にも触れ、とりあえず「人倫」の概念を照射しておく。

第二節では、マルクスとの関係をも意識しつつ、ヘーゲルの労働論・社会論の構制をクローズ・アップする。ヘーゲルは労働というものを決して単に存在論的な次元だけで論考しているのではない。彼が当時ドイツ有数の繊維工業地であった郷里ヴュルテンベルクの状況をどの程度知っていたかは詳《つまび》らかにしないが、彼は古典派経済学から得た知識にも基づき、一種の労働社会学を展開し、価値論にまで説き及んでいる。――ヘーゲルの有名な「市民社会」論が「欲求と労働」の論理に定位されていることは周知のところであろう。彼は市民社会（悟性国家）が労働の場での矛盾に因って、一方の極における富の過剰蓄積と他方の極における貧困化の進捗、労働大衆の被救恤《きゅうじゅつ》民化をもたらすこと、そこで、この悟性国家は福祉行政や植民政策などを採るがこれによっても矛盾を解決できないこと、さらには同職団体《コルポラチオン》制度によっても市民社会の内在的矛盾を克服できないこと、このような具体的な内容を指摘しつつ、市民社会《ブルジョア》そのものを止揚して人倫的共同体たる理性国家を確立することが必然的な要件である所以を説く。本邦未訳の『イエナ実在哲学』第一・第二部をも可及的に詳しく援用しつつ、この間の論趣を抄録したものが第二節である。

第三節では、ヘーゲルの国家観を、第一項「意志の憑自」、第二項「自由の体制」、第三項「地上の神国」という視角から眺望する。ヘーゲルの国家論は、しばしば、プロイセンの国家を追認的に合理化したものと指弾されるが、必ずしもそのように単純なものではない。本書では当時の時代的情況やヘーゲルの政治的体験、ひいてはまた初期から晩年にまで纏綿《てんめん》と続くヘーゲルの一連の政治論文の紹介には立ち入れないので原理的な諸論点にしぼり、また、青年時代このかたのルソーやカントなどとの対質の経緯、ならびに、これと不可分の道徳論も割愛せざるをえなかった。この点に落丁があるとはいえ、ドイツではカント・フィヒテと続いた「国家契約説」をヘーゲルが斥《しりぞ》け、普遍意志の概念を改鋳して新しい国家論を構築していること、ライプニッツやカントにおいては道徳的王国として志向されていたところのものを地上的に実現し、アウグスチヌスこのかたの神の国《キウィタス・ディ》と地の国《キウィタス・テレナ》との二元性を、人倫的理念の現実態たる理性国家において止揚する構制を樹《た》てていること、この間の次第は読み取って頂けるものと念う。

精神哲学はわれわれのうちなる〈自己〉としての精神を対象とする。〔……〕精神哲学の対象は、自然界と永遠界との間に立ち、両者を両極端として関係づけ、結合するところのわれわれの精神である。／〔……〕自然界からも永遠界からも区別された特殊的なもの〔……〕としての精神は有限な精神である。〔……〕精神は自然に対しても神的理念に対しても同時に関係し、そのことによって両者を同時に自分〔精神〕の規定のうちにおかざるをえないのであるから、ここにはすでに、有限性はおよそ精神の普遍的規定ではないということが含意されている。〔……〕／

精神哲学は経験的であることも、形而上学的であることもできない。それは精神の概念を〔……〕内在的・必然的な展開の相において考察しなければならない。

（『精神哲学』断片　GW15. S. 207f., S. 217）

精神の展開は以下のごとくである。すなわち、精神は

I　自分自身への関係という形態で存在し、精神自身の内部で理念の観念的な綜体性が精神にとって生成する。〔……〕精神にとって、憑自的、つまり自由であることが精神の存在である。

――主観的精神

II　精神自身によって造出さるべき、そして造出されたる一世界――ここでは自由が現存する

必然性として存在する——としての実在性という形態で存在する。——客観的精神

Ⅲ　精神の客観性と精神の観念性との即かつ対自的な、永遠に自己造出的な統一態で存在する。絶対的な真理の相にある精神——絶対的精神。

（『エンチクロペディー』〔精神哲学〕第三八五節　GW20. S. 383）

第一節　精神と人倫

精神は、われわれにとっては自然を前提としており、精神は自然の真理である。〔……〕この真理にあっては、自然は消失しており、精神は対自存在にまで到達した理念として現成している。

（『エンチクロペディー』〔精神哲学〕第三八一節　GW20. S. 381）

精神の本性は、精神と正反対のものとの対比によって認識される。物質の実体が重力であるのに対して、精神の実体、精神の本質は自由である、と言わなければならない。〔……〕精神のあらゆる属性は自由によってのみ存立するのであり、一切が自由のための手段たるにすぎない。〔……〕物質は中心点に向かって駆動するかぎりで重力をもつ。〔……〕それに対して、精神は自分のうちに中心点をもつ。〔……〕物質は自分の実体を自分の外部にもつ。精神は自分‐自身の‐許にある‐存在〔das Bei-sich-selbst-Sein 憑自有〕である。これがまさに自由である。けだし、私がもし従属しているとすれば、私は自分でない他者に関係することになり、従って、或る外的なものなしには私は存在しえないことになる所以である。私が私自身の許にあるとき、私は自由である。精神のこの憑自有は、自己意識、すなわち、自分自身についての意識である。意識においては二つのものを区別することができる。第一には、私が知るということ、第二には、私が知るものである。自己意識においてはこれら二つのものが合致する。というのは、精神は自分自身を知るのだからである。精神は自分自身の本性の認定であり、同時に、自分自身に至る活動である。かくして、精神は自分を産出し、自分が即自的に〔自体的に〕それであるところのものへと自分を仕上げる活動である。

（『歴史哲学』 Suhrkamp. XII. S. 30f.）

精神の具体的な本性がわれわれの考察にとって固有の困難をもたらす。〔……〕精神のもろもろの規定や段階〔階梯〕は、本質的には、より高次の発展段階の契機、状態、規定としてしか存在しない。このため、たとえば、感覚のうちにありとあらゆる高次の精神的なものが含まれているように、低次のより抽象的な規定の段階に、より高次のものがすでに経験的に現存するものとして姿を現わしているという事態が生ずる。〔……〕とはいえ、それと同時にまた、低次の諸段階を考察する際、経験的に現存するものに則して、それを明瞭につかむためには、高次の段階を想起し〔……〕後の発展段階に至って初めて現われる内容を予料することが必要になる。

（『エンチクロペディー』〔精神哲学〕第三八〇節　GW20. S. 381）

＊

感覚は、身体的であるがゆえに、そのかぎりで動物的である。とはいえ、獣の動物性と人間の動物性とは別である。それゆえ、人間学的考察は感覚の動物性の許に立ちどまっているわけにはいかない。すなわち、感覚を心《ゼーレ》の感覚としてとらえ、従って、二面的なものとして認識しなければならない。すなわち、規定された相にある心と、普遍的なものとしての心――後者に対して〔für 意識されて〕前者がある――とを先に区別しておいたが、こうした区別が心に初めて生ずるのは感覚というかたちにおいてであり、この区別は同時にすでにこの領域において獣の心と精神的な心とを区別する所以のものでもある。／

感覚というものは、一般論として、有機体の個別性という直接的な現実性を、普遍性ないし類のうちにおいて取り戻し止揚することである。その結果、個別性はいまや普遍性の具体的な契機として存在するようになっている。とはいえ、獣においては、個体と類とのこうした統一そのものは直接態にとどまっており、類はその個別的規定態に対自的にあるわけではなく、換言すれば、規定された〔特定の〕心が普遍的な心に対してあるわけではない。しかるに、精神的な心とは、まさしく、そういう普遍的な心として対自的であるところのものなのである。

人間的欲望は、止揚そのものにおいて、観念的、〔つまり〕止揚されていなければならない。欲望の対象もまた、止揚されつつ、持続せねばならず、両者の持続的止揚たる中項〔媒介手段〕が両者に対立して現存しなければならない。〔……〕欲望は、労働において、否定さるべき対象一般をそれの聯関から分離し、それを特殊化して、欲望する者に関係づけられたものとして、対象を措定する。

（『実在哲学Ⅰ』GW6. S. 299f.）

欲望ならびにそれの充足において懐かれるに至る自己確信〔いわば充実感〕は、対象によって制約される。というのは充足は、対象たるこの他者の廃棄〔Aufheben 止揚〕によって与えられるが、この廃棄がなりたつためには、この他者が存在しなければならないからである。それゆえ、自己意識は否定的に関わるとはいっても、そのことによって対象たるこの他者を廃棄することはできない。だから自己意識はむしろ対象を再生産し、欲望をも再生産することになる。〔……〕自己意識は絶対的に対自的であるが、それはひとえに対象を廃棄することによってである。〔……〕対象が自立的であるために、自己意識はこの対象そのものが自分〔対象〕に否定をほどこすことを俟ってしか充足に達することができない。〔……〕対象が自分自身で

（『精神哲学』断片　GW15. S. 239f.）

否定であり、なおかつその点で自立的であるとき、その対象は意識である。〔……〕一つの自己意識がもう一つの自己意識に対して存在している。〔……〕／

自己意識は、或る他者に対して即かつ対自的にあることにおいて、また、そのことによって、即かつ対自的に在る。〔……〕自己意識に対してもう一つの自己意識が存在する。自己意識は自分の外部に出ている。このことは二重の意味をもつ。第一には、自己意識は自分を他の存在者《ヴェーゼン》として見出すのであるから、自己を喪失してしまっている。第二には、自己意識は自己を他の存在者として見出すというそのことにおいて、当の他者を廃棄〔止揚〕してしまう。というのは、自己意識は当の他者を〔真の〕存在者とみなすのではなく、他者のうちに自分自身を見出すのだからである。

自己意識はこの自分の他在〔sein Anderssein〕を廃棄しなければならない。がこれは、上述の二重の意味を廃棄することであり、それゆえ、この廃棄自身、第二の二重性である。第一には、自己意識は、自分を〔真の〕存在者として確信するために、他の自立的な存在者の廃棄を目指さなければならない。第二には、まさにそのことにおいて、自己意識は自分自身を廃棄することになる。というのは、当の他者なるものは自分自身にほかならないからである。

（『精神現象学』GW9. S. 107f., S. 109）

ここでは、〔……〕絶対的に対自的に存在する者が対立し合っている。〔……〕それゆえ彼らは互に損傷し合わないわけにいかない。各自が自己の実存の個別性において自己を排他的な綜体性として定立すること、このことが現実化しなければならない。〔……〕各自、他者によって否認されたものを、自分の綜体性というなわばり中にあるもの、つまりそれは決して外的なものではないと主張せざるをえない。〔……〕この個別的なものをめぐって各人がひたすら個別者としての自己の綜体性を主張することによって、各自が互に他者の綜体性を否認するという現象が生ずる。

（『実在哲学Ⅰ』GW6. S. 308ff.）

各自が他者の死を目指す。しかしそこには、第二の行為、つまり自分自身による行為も現存する。というのは、他者の死を目指すということは自分の生命を賭けるということを含んでいるからである。二つの自己意識のこの関係は、それゆえ、生死を賭した戦闘によって、両者が自分自身を、しかも互に、確証するという定《さだ》めになっている。〔……〕この経験において、自己意識は、自分にとって生命が、純粋な自己意識と同じように本質的〔大切〕であることが判るようになる。

（『精神現象学』GW9. S. 111f.）

生命は自由〔自立性〕と同様に本質的であるので、闘争はさしあたり、不平等を伴う一面的な否定という結末になる。すなわち、闘う者の一方が生命の方を選んで、個別的自己意識としての自己の保存をはかり、その代りに、自分が承認されることは断念する。それにひきかえ、他方の者は、自己自身への関係〔自立性〕を固持して、服従者としての前者によって承認される。これが、主人と奴隷の関係である。

（『エンチクロペディー』〔精神哲学〕第四三三節　GW20. S. 431）

主人は対自的に〔自分だけで〕存在する意識ではあるが、しかし〔……〕他の意識によって自己と媒介されているような対自的に存在する意識である。つまりそれは、自立的な存在ないし物性一般と綜合されて〔同一視されるような在り方をして〕いることを自己の本質とするような意識によって自己と媒介されているところの対自的意識である。主人はこれら両契機、つまり、一方における物そのもの、すなわち欲望の対象、ならびに、他方における、物性を以って本質とする意識とに関係する。ところで、主人は(a)自己意識の概念としては対自存在の直接的な関係であるが、しかし(b)いまや同時に、媒介としても、つまり他者によってのみはじめて対自的であるような対自存在としても存在しており、従って、(a)直接的に両者と関係するとともに、(b)間接的に、両者の一方を介して他方に関係する。主人は、自立的な存在を介して間接的に奴隷と関係する。というのは、奴隷はまさにこの自立的存在に繋縛されているのであって、それは彼の鎖〔きずな〕である。奴隷は戦闘においてこの鎖をかなぐり棄てることができなかったのであり、それゆえ自からを非自立的なものとして、彼の自立性を物性というかたちでしかもたないことを示した次第なのである。しかるに主人はこの存在を律する威力《マハト》である。というのは、彼は戦闘において、当の存在は彼にとって否定さるべき以外のなにものでもないことを示したからである。主人はこの存在を律する威力であり、この存在は他者〔奴隷〕を律する威力である。かくて、主人はこの連結〔推理〕において当の他者を自己の下に置く。それだけではない。主人は奴隷を介して間接的にも物と関係する。奴隷といえども自己意識である以上は、物に対してやはり否定的に関係し、物を止揚する。とはいえ、物は奴隷に対して同時に自立的でもあるのであって、奴隷は彼の否定のはたらきによって物を絶滅してしまうというところまでは意のままに出来ない。言いかえれば、奴隷は物を加工するにすぎない。ところが、主人にとっては、この媒介によって、物の純粋な否定たる直接的な関係が生成する。言いかえれば、享受が現成する。〔……〕主人は、物と自分とのあいだに奴隷を挿入し、そのことによって自分はもっぱら物の非自立性に接合し、物をひたすら享受し、物の自立性の側面は、それを加工する奴隷に委ねている。

　これら両契機において、主人にとって、或る別の意識によって承認されているという彼の在り方〔sein Anerkanntsein〕が現成する。けだし、この別の意識はかの両契機のうちにおいて自己を非本質的なものとして、つまり、一方では物の加工において、他方では特定の定在への従属性において、自己を定立しているからである。これら二重の仕方のいずれにおいても、その意識〔奴隷〕は、存在を律する者とはなりえず、絶対的な否定には到達しえない。

という次第で、ここには、他の意識が自からを対自存在としては止揚し、そのことによって第一の意識〔主人〕が自分〔奴隷〕に対しておこなうことを自分自身でおこなうというかたちでの承認のモメントが現存している。それだけでなく、第二の意識の営為が第一の意識自身の営為であるというもう一つのモメントも現存している。というのは、奴隷がおこなうことは本来的には主人の営為だからである。主人にとっては、対自存在こそがもっぱらその本質であり、彼は純然たる否定的な威力である。この威力にとって物は無にひとしいものであり、それゆえ、この関係においては主人こそが純然たる本質的な営為であり、奴隷は純ならざる非本質的な営為である。しかし、本来的な承認が成立するためには、ここではまだ次のモメントが欠けている。それは、主人が、他者に対しておこなうところのことを、彼が自分自身に対してもおこなうということ、そして奴隷が、自分自身に対しておこなうところのことを他者に対してもおこなうこと、このモメントである。この〔相互性の〕モメントが欠けているため、ここに成立しているのは、一方的で不平等な承認たるにすぎない。

（『精神現象学』 GW9. S. 112f.）

普遍的自己意識とは、他者の〈自己〉において自分自身を肯定的に知ることである。両者の各々は自由な個別性として絶対的な自立性をもっている。がしかし、各自がその直接性、つまり自分の欲望を否定しているため、自分を他者から分断〔区別〕することなく、各自が普遍的な自己意識であり、また、客観的であって、相互性という実在的な普遍性をもっている。ここに相互性というのは各自が自由な他者において自分が承認されているのを知るということであるが、各自は自分が相手を承認し、相手が自由だと知っているかぎりで、このこと〔他者によって承認されていること〕を知っている。

思弁的・理性的であって且つ真なるものは概念の統一のうちに、言いかえれば、主観的なものと客観性との統一のうちになりたつ。この統一がここで問題にした〔普遍的自己意識の〕立場に現存していることは明らかである。この統一が人倫の実体を形成する。

（『エンチクロペディー』〔精神哲学〕第四三六節および補遺　GW20. S. 132 (Suhrkamp. X. S. 226f.)）

＊

人倫とは、個々人が自立的な現実態においてもつ、彼らの本質の絶対的な精神的統一態にほかならない。それは一つの即自的に普遍的な自己意識であって、この自己意識たるや或る別な意識のうちにおいて、次のような在り方で自から現実的である。すなわち、当の自己意識にとって別な意識が全き自立性をもち、換言すれば物でありながらも、当の自己意識が、まさにこういう自立的な他の意識のうちにおいて他者との統一性を自覚しており、こういう対象的な存在者とのこの統一においてはじめて自己意識である、という在り方である。この人倫的実体は〔……〕直接的に現実的な自己意識でもあって、言いかえれば習俗である。個別的な意識なるものは、逆に、当の普遍的意識を自分の個別性において自分の存在として意識することによってのみ、自分の行為と定在が普遍的な習俗であることによってのみ、個別的に存在する一者なのである。

国民〔民族〕の生活において、実際、自己意識的理性の実現という概念は全き実在性《レアリテート》をもっている。それはどのような事態であるかといえば、他者の自立性のうちにこの他者との完き統一を看取すること、ないしは、私が眼前に見出す自立性という他者の自由な物性――これは私自身に対して否定的なものであるが――それを私の対私存在として対象としていること、このような事態である。理性は流動的で普遍的な実体として、不易的で単純な物性として現存しているると同時に、光が無数のそれ自身で輝いている点である星に分散するように、この物性もやはり多数の全く自立的な存在者に分散するのであるが、これらの存在者は各自の絶対的な対自存在〔自立的存在〕をもちながらも、かの単純で自立的な実体のうちで即自的に溶解しているだけでなく、対自的にも溶解している。これらの存在者は、自分たちが個別的な自立的存在者であるのは自分たちの個別性を犠牲に供していること、そして当の普遍的実体が自分たちの霊魂・本質であること、によってであるということを自覚している。同様に、この普遍者のほうもまた、個別者としての彼ら存在者たちの行為であり、換言すれば、個別的存在者たちによって産み出された業《わざ》〔Werk 作品〕である。〔……〕

しかし、個人は普遍的実体のうちに自分の行為一般の存立するこの形式ばかりでなく、それの内容をももっているのであって、個人の為すところのものは、すべての人々の普遍的な技倆・習俗なのである。〔……〕

各人は、普遍的精神のうちにもっぱら自分自身の確知、存在する現実のうちには自分自身以外のものは何も見出さないという確知をもっている。各人は他人についても自分についてと同じように確知している。私は万人のうちに、彼らが彼ら自身にとって〔対自的に〕、私がそうであるのと同じこういう自立的な存在者にほかならないことを看取する。私は他人たちとの自由な統一を他人たちのうちに看取するのであるが、この統一たるや私によってと同様、他人たち自身によっても存在するものであり、私は他人たちを私として、私を他人たちとして看取するのである。

自由な国民においては、かくして、理性が真に実現している。それは現在的な生動的精神であって、この生動的な精神のうちに、個々人は彼の使命つまり彼の普遍的で且つ個別的な本質が、言表されて物性として現存するのを見出すのみならず、各人自身が当の本質であり、彼の使命が達成されてもいるのである。

（『精神現象学』 GW9. S. 194f.）

個々人の具体的な存在には、彼の根本的諸関心〔Grundinteresse 基本的な－間－存在〕の総体、彼が他の人間ならびに世界一般に対して立つ本質的で且つ特殊的・経験的な諸関係の総体〔Gesamtheit〕が属している。この綜体性〔Totalität〕が個人の現実性をなす。

（『エンチクロペディー』〔精神哲学〕第四〇六節 GW20. S. 407）

＊

国民〔Volk 民族、ここではギリシアのポリスの謂い〕は同時に一つの個体であり、政治的統一体である。それはもっぱら自己自身との相互作用のうちに成り立っている。一個同一の意志が個人でもあり、また普遍者でもある。意志の個別性の外化〔放棄〕が、そのままこの意志の保持である。しかし、より高次の抽象、より大なる対立と教養、より深い精神が不可避である。

それは人倫〔Sittlichkeit〕の国であって、各人が徳義〔Sitte〕であり、普遍者と直接的に一体である。ここには何の反抗も生じない。各人は自己を直接的に普遍者として知る。すなわち、各人は自分の特殊性を、そのものとして、この〈自己〉として、本質として知ることなく、自分の特殊性を断念している。

より高次の分裂は、それゆえ、各人が完全に自分自身のうちに還帰し、己れの〈自己〉そのものを本質として知り、こうした我意《アイゲンジン》に達していること、定在する普遍者から分離されておりながらも絶対的であり、己れの知において自分の絶対者を直接的に所有しているということである。

（『実在哲学Ⅱ』GW8. S. 262）

人倫とは生命態〔Leben〕としての生身の個人が絶対的概念と相等しいこと、個人の経験的意識が絶対的意識と一体であり、絶対的意識そのものが経験的意識であること、このように規定される。〔……〕こうした完き相等な在り方は叡智によってのみ、すなわち絶対的概念によってのみ可能である。〔……〕

それゆえ、人倫においては、個人は或る永遠な在り方で存在しており、個人の〈経験的な存在ならびに行為〉が端的に〈普遍的な存在ならびに行為〉である。けだし、行動するのは個人的なものではなくして、彼の内なる普遍的で絶対的な精神だからである。〈事物はすべて神においてあり、個別性などというものは存在しない〉という、世界ならびに必然性に関する哲学的見解が、経験的意識にとって完全に実現されている。というのは、ここでは、行動、思惟ないし存在のなかの個別性が、それの本質ならびに意義をもっぱら全体のうちにのみ有するのであり、いやしくも個別性の根拠が考えられるかぎり、この全体のみが考えられるのであって、個人はそれ以外のいかなる根拠をも知らない〔……〕からである。人倫的ならざる経験的意識が存立するのは、普遍者と特殊者との一体的存在の間に〔……〕何かそれ以外の個別性を根拠として挿入することにおいてであって、しかるにここ人倫では、絶対的な同一性〔……〕が意識のうちに顕出している。

人倫のこうした理念の直観、ただし、理念が特殊性の側面から現象する形式、それが国民〔民族〕である。〔……〕国民ということで定立されているのは、一般論として形式的にいえば、諸個人の一定の集まりの関係であって、関係を欠いた集まりでもなければ、単なる多数性でもない。〔……〕集まりというものは、一般には、人倫におけるがごとき関係、つまり、次のごとき普遍者のもとへの万人の包摂を定立するものではない。すなわち、それは、万人の意識にとって実在性をもち、万人と一体であり、人々が個別者たろうとするかぎり万人に対して権威・権力を有し、友好的であれ敵対的であれともかく万人と同一であるごとき普遍者のもとへの万人の包摂を定立するものではない。集まりというものは絶対的な個別性であり、集まりという概念は、もろもろの集まるものが一つである以上、それらの抽象であり、それらにとって疎遠な、それらにとって外なるものである。〔……〕

国民が生動的な無差別であり、一切の自然的な差別が否定〔vernichten 無化〕されていることによって、個人は自己を各人のうちに自己自身として直観し、最高の主観＝客観性に達する。まさしくこのことによって、万人のこの同一性は、抽象的な同一性ではなく、つまり、市民の平等性ではなく、絶対的な同一性である。〔……〕普遍者たる精神は、各人が個別者であろうとも、各人のうちにあり、各人に対して〔意識されて〕ある。〔……〕特殊者たる個人は、特殊的な意識として端的に普遍者と相等である。特殊性を端的に自己と合一してしまっているこの普遍性、それが国民の神性である。そして、この普遍者が特殊性という観念的な形式で直観されたもの、それが国民の神なのである。国民の神とは、かの普遍者を直観する観念的な一方式なのである。

（『人倫の体系』 GW5. S. 324ff.）

＊

人倫は客観的精神の完成態であり、主観的で且つ客観的な精神の真理そのものである。〔……〕主観的精神および客観的精神の一面性が止揚されて、主体的自由が即かつ対自的に普遍的な理性的意志として存在する。

（『エンチクロペディー』〔精神哲学〕第五一三節　GW20. S. 494f.）

人倫とは生動的な善たる自由の理念である。この生動的な善は、自己の知と意志を、そしてこの意志のはたらきによって自己の現実性を、自己意識のうちに有し、この自己意識のほうも、自己の即かつ対自的に存在する基盤と自己の運動目的を、当の人倫的存在のもとにもつ——人倫とは現存する世界ならびに自己意識の本性〔自然〕となっている、そういう自由の概念である。

（『法の哲学』第一四二節　GW14, 1. S. 137）

第二節　労働と社会

自由意志は抽象態に止まっているわけにはいかず、さしあたり自分に定在を与えなければならない。この定在の最初の感性的な材料は物件、すなわち、外的な事物である。自由のこの最初の在り方は——やがてわれわれはこれを所有として知ることになるが——形式的・抽象的な法の圏域である。〔……〕ここでわれわれのもつ自由が人格と呼ばれるもので、それはすなわち、自由な、しかも対自的に自由な主体であり、物件において自己に定在を与える主体である。〔……〕／

人格とは〔……〕主体性を自覚している主体である。けだし、私は人格において端的に対私的〔自覚的〕たる所以である。人格は純粋なる対自存在における自由の個別性である。〔……〕／

人格は〔……〕自分に実在性を与え、同じことだが、眼の前の自然的定在を自分のものとして定立する活動的なものである。〔……〕／

人格は、いかなる物件にも自分の意志を置き入れ、そうすることによって当の物件を自分のものにする権利を実体的目的として有している。〔……〕これが人間のもつ、あらゆる物件に対する絶対的な所有化の権利である。

（『法の哲学』第三三節補遺、第三五節補遺、第三九、四四節　GW14, 1. S. 53, S. 57
(Suhrkamp. VII. S. 91, S. 95, S. 98, S. 106)）

私は、あらゆるものを、労働によって、そして承認された交換によって持つ。〔……〕所有〔Eigentum 財産〕の源泉・起源は、労働という私の行為そのものの源泉・起源である。／労働は、此岸的な自己-物-化〔das diesseitige Sich-zum-*Dinge*-Machen〕である。衝動-である私〔自我〕の二分化は、まさにこの自己-対象-化〔Sich-zum-Gegenstande-Machen〕である。〔……〕衝動は、事物化されたものとしての自我の統一である。〔……〕／労働において、私は私を直接的に物にする。〔……〕この私の定在を私はこれまた自己外化〔mich entäußere〕し、それを私にとって疎遠な一定在たらしめ、それのうちで私を保持している。まさしくこのもののうちに、私は自分が承認されていることを直観する。〔……〕向うには直接態に化した私の自我、こちらには私の対私存在、つまり私の人格を視る。

（『実在哲学II』　GW8. S. 227, S. 205, S. 227）

人間の労働は、個々人が自分の欲求のためにおこなう労働でありながら、同時に普遍的な、観念的な労働でもある。個々人は、なるほど、労働で以って自分の欲求を充足するのではあるが、しかし、彼の加工したこの特定のものによってではない。〔……〕人間は今日では〔……〕自分の加工した現物をそのまま使用するのではない。彼の加工物は、彼の欲求を充足する現実性となるのではなく、充足の可能性となるにすぎない。彼の労働は、形式的な、抽象的一般的〔普遍的〕労働であるような、そういう個別的労働となる。人間は彼の欲求のうちの或る一つに応ずる労働しかおこなわず、それ以外の欲求のために必要なものはそれと交換して手に入れる。彼の労働は、欲求なるものに応ずるもの、すなわち、彼の欲求ならざる普遍的なものとしての欲求という欲求の抽象態に応ずる労働である。そして、彼の欲求の綜体を充足するのは、万人の労働なのである。

個々人の欲求の全域と、欲求のための彼の活動とのあいだに、全国民の労働が入りこむ。そして、各人の労働は、その内容からみれば、万人の欲求に応ずる普遍的な労働であり、また、彼のあらゆる欲求を充足するのに適合性をもつ普遍的な労働でもある。すなわち、この労働は価値をもつ。個々人の労働ならびに彼の占有物は、〈当人にとってそれであるところのもの〉ではなく、〈万人にとってそれであるところのもの〉である。欲求の充足は万人相互の普遍的

な依存関係をなす。〔……〕各人は個別的な需要者でありながら或る普遍的なものとなる。〔……〕／
こういう多様な労働が〔……〕それの概念を、それの抽象を、実在化しなければならない。それの普遍的概念は、もろもろの労働が実在化されるのと同様、物となって存在しなければならない。ただし、この物は、普遍的なものとしてすべてのものを現示するような物である。そういう物質的に現存する概念、それが貨幣である。

（『実在哲学Ｉ』 GW6. S. 321, S. 324）

人間は自分の抽象的労働において、自分自身の普遍性を直観する。〔……〕私は他の私に対する行為であり、しかも、彼によって承認されたものとしてそうなのである。この際、彼は私の占有物に関わりをもつが、あくまで私の意志を介してのみそれを所持しようとするのであって、それは私が彼の意志を介してのみ彼の所有物に関わろうとするのと相補的である。承認された者としての両人の相等性――それが価値である。

（『実在哲学Ⅱ』 GW8. S. 226, F. N.）

価値という概念を考察するとき、物件そのものは単に標徴とみなされるにすぎず、物件はそれ自身としてではなく、〈それが価値であるところのもの〉としてみなされ〔通用す〕る。

〔……〕／

物件は、即自的に〔それ自身〕は否定的なものとして、私の欲求に対してのみ在り、私の欲求に奉仕する。――使用とは、物件を変化させ、消滅させ、消費することによって、私の欲求を実現することである。〔……〕／

使用に供される物件は、質的にも量的にも規定された個別的な物件であって、或る特殊な欲求と関係する。しかし、その特殊な使用可能性は同時に量的に規定されたものとして同一の使用可能性をもつ他の諸物件と比較可能である。また、当の特殊な欲求も〔……〕同時に欲求一般であり、それの特殊性に従って他の欲求とのあいだでやはり比較可能である。そして、これに照応して、物件の側も、他種の欲求に応えるような〔別種の〕物件と比較可能になっている次第である。諸物件のこの普遍性、これの純一《アインファッハ》な規定性は物件の特有性から顕出しており、物件の特殊な質はそのさい捨象されてしまうのだが、当の普遍性が物件の価値である。物件の真の実体性が規定され、意識の対象となるのはこの価値においてである。

〔……〕／

一つの物件の価値は欲求との関連においては多種多様でありうる。だが、特殊態ではなく、価値の抽象態を表現しようとすれば、それ〔価値の抽象的定在態〕は貨幣である。貨幣はあらゆる事物を代表する、とはいえ、それは欲求そのものを現示するのではなく、このものに対する標徴にすぎないのであるから、貨幣は〔単にあらゆる物件を代表するという一方的な関係をもつのではなく〕それ自身、価値をもっぱらその抽象態において〔価値を抽象的なものとして〕表現するにすぎないところの、当の特殊な価値によって自からも律せられる。

（『法の哲学』第六三節補遺、第五九、六三節、仝補遺　GW14, 1. S. 66, S. 69
(Suhrkamp. VII. S. 137, S. 128, S. 135f., S. 137)）

価値は特殊な性質によって規定されるとはいえ、もっぱら量的な規定として立ち現われる。

（『ハイデルベルク・エンチクロペディー』第四〇九節への覚書　GW13. S. 429）

＊

私の所有物は、私が私の意志をそれに置き入れるかぎりにおいてのみ私のものなのであるから、私はそれを外化〔entäußern 譲渡〕することができる。〔……〕／私は、私の特殊的な、肉体上・精神上の技倆や活動の可能性のうち、個別的な生産物や時間的に制限つきの使用を、他人に譲渡〔veräußern〕することができる。というのも、こういう制限がある以上、私の綜体性や普遍性に対してそれは外面的な関係しかもたなくなっているからである。労働によって具体化される時間の全体、生産物の綜体を譲渡するようなことがあれ

ば、〔……〕私は私の普遍的な活動性ならびに現実性を、私の人格性を他人の所有たらしめることになろう。〔……〕

ここに述べた区別が、奴隷と、今日の雇人や日雇い労働者との区別である。

（『法の哲学』第六五、六七節、全補遺　GW14, 1. S. 70, S. 72 (Suhrkamp.VII. S. 140, S. 144f.)）

個人は労働によって稼ぐ者として登場することになる。〔……〕彼は抽象的労働を労働する。彼はその分だけ自然から獲得する。しかしながら、このことは単に別のかたちでの偶然に転倒してしまう。彼はより一層精を出して働くこともできるが、それは彼の労働の価値を減少させる。丹精したからといって、彼は当の普遍的な関係から脱け出せはしない。

（『実在哲学Ⅱ』　GW8. S. 242f.）

人間が自然から何を獲得するにせよ、人間が自然を服属させればさせるほど、人間自身がそれだけ低落する。人間は多種多様な機械を使って自然を加工させるが、だからといって彼の労働の必然性を止揚するわけではなく、ただ労働を外にずらし、労働を自然から遠ざけるだけのことである。そして、生けるものとしての自然に生き生きと向かうのではなく、〔……〕人間に残された労働工程はそれ自身、いよいよ機械的になっていく。労働が軽減されるとはいっても、それは全体に対してのことであって、個々人に対してではない。個々人にとってはむしろ、労働が増大する。というのは労働が機械的になればなるほど、労働の価値がますます下落することになり、彼はますます〔……〕労働せざるをえなくなるからである。〔……〕／

労働が個別化〔細分化〕されることを通じて、当の労働に対する各人の技倆は直接的に向上する。人間の個別性に関わる自然のありとあらゆる関連がますます人間の支配下に入る。〔……〕が、こうして自然が征服されると、個人は自然への従属性を強めるばかりである。

労働の個別化は加工品の量を増大せしめる。イギリスのマニファクチュアでは、一本のピンを作るのに一八人の人間が働いている。各人はこの労働の或る特殊的な一側面、しかもその側面だけを受け持つ。もし一人で製造するとしたら、二〇本はおろか唯の一本も作ることはできまい。あの一八の労働工程を一〇人に分掌させると日産四〇〇〇本になる。ところが、一八人の分業でやると、一〇人あたり日産四万八〇〇〇本という計算になる。しかし、生産量が増大するのと同じ割合で労働の価値が下落する。

労働はそれだけますます絶対的に死せるものと化し、機械的労働になる。個々人の技倆はそれだけますます無限に狭隘化し、工場労働者の意識は極限にまで鈍麻する。そして、労働の個々の種類と欲求の無際限な全蒐塊との聯関はおよそ見渡せないものになり、盲目的な依存関係と化する。〔……〕／

欲求と労働とが、こうした普遍性にまで高められると、大規模な国民においては、共同性〔Gemeinschaftlichkeit　相互作用〕と相互的依存性の巨大なシステムがひとりでにできあがってしまう。

（『実在哲学Ⅰ』GW6. S. 321ff.）

＊

市民社会においては、各自が自分にとって目的であり、他のものはすべて彼にとって無である。とはいえ、他の人々との関係なしでは、彼は自分の目的の全範囲を成就することができない。それゆえ、これらの他者は特殊者たる各自が目的を達成するための手段である。しかるに、当の特殊的目的は、他者との関係を通じて普遍性の形式を与えられ、他人の福祉を同時に充たすという仕方で充足される。

（『法の哲学』第一八二節補遺　Suhrkamp. VII. S. 339f.）

諸人格の特殊性は第一に彼らの欲求を自分自身のうちに含みもっているところにある。欲求充足の可能性はここでは社会的聯関のうちに存し、この社会的聯関たるや万人がそこから彼らの充足を得る普遍的な資産〔Vermögen　可能ならしめるもの〕である。こういう媒介の立場が実現されている状態においては、欲求充足の手段として外的対象を直接的に占取するというようなことは、もはやおこなわれない。おこなわれるにしても稀である。対象は財産である。対象の取得は、一面においては〔……〕占有者の意志によって制約され媒介されているとともに、他面においては自分自身の労働によって交換可能な手段を絶えず新しく産出するということによって制約され媒介されている。このように万人の労働によって充足が媒介されていること、これが普遍的な資産を形成する。

（『エンチクロペディー』〔精神哲学〕第五二四節　GW20. S. 498f.）

利己的目的は、それの現実化にあたり、このようにして普遍性によって制約されており、全面的な依存の一体系を創り出す。そのため、個々人の生計と福祉、ならびに彼の法的に権利づけられた定在は、万人の生計と福祉ならびに権利のうちに編みこまれ、これらによって基礎づけられ、この聯関のうちにおいてのみ現実的であり保障されるという具合になっている。——この体系は、さしあたり外面的国家ないしは窮迫国家、悟性国家とみなすことができる。／諸個人はこの〔悟性〕国家の市民として、私的人格、つまり、自分自身の利害関心を自己の目的とする私的な人格である。それゆえ、普遍的なものは彼らにとって手段として現象するが、諸個人の目的はこの普遍的なものによって媒介されているので、彼らの目的が彼らの手で成就されるのは、彼ら自身が己れの知、意志、行為を、普遍的な仕方で規定し、自からをこの聯関の鎖の一環たらしめるかぎりにおいてのみである。〔……〕／

市民社会は三つの契機を含む。

A　個々人の欲求ならびにそれの充足を彼の労働によって媒介し、また、他のすべての人々の労働ならびに欲求の充足によって媒介すること――欲求の体系

B　この体系に含まれている自由という普遍的なものの現実性、つまり、司法活動による財産の保護

C　これら両体系ではまだ残っている偶然性に対する先慮、そして、特殊的な利害関心を一つの共通なものとして、内務行政〔Polizei　福祉行政〕と同職団体〔Korporation〕によって配慮すること。／

主観的欲求は主観的な特殊性の充足を目的とするが、他の人々の欲求や他の人々の意思との関連で、普遍性が擡頭することになる。有限性のこの領域にみられるところの、理性的なもののこうした映現が悟性〔経済法則〕であって、これが考察の眼目となる側面であり、この〔市民社会という〕圏域の埒内における有和者〔das Versöhnende〕をなす側面である。

国家経済学〔Staatsökonomie〕は、こういう観点から出発する学問であるが、しかし、それにとどまることなく、大衆の関係ならびに運動を、それらの質的ならびに量的な規定性と錯綜性において説明すべきものである。国家経済学は近代を地盤にして成立した学問の一つである。国家経済学の発展は、思想が（スミス、セイ、リカードを見よ）さしあたりその目

前にある無限に多くの個別的な事象から、いかにして単純な諸原理、すなわち事象のうちに働いていて事象を統御している悟性を見つけ出すか、興味ある実例を示している。〔……〕／

動物の欲求は限られており、それを充足する手段や方式の範囲も限られている。人間もこうした依存関係のうちにあるとはいえ、人間は同時にそういう依存関係からの超出と自分の普遍性とを実証してみせる。人間は、自分の普遍性をまずは欲求と手段とを多様化することによって、次では、具体的な欲求を個別的な諸部分・諸側面に分割し区分することによって、それを遂行する。〔……〕／

特殊化された欲求に適合した、これまた特殊化された手段を用意し入手する媒介となるもの、それが労働であって、労働は自然が直接的に供給する素材をあの多様な目的に応ずるように多種多様な過程を通じて特殊化する。〔……〕／

しかるに、労働における普遍的で客観的なものは、手段ならびに欲求の特殊化をもたらす抽象に存し、当の特殊化に伴って生産もまた特殊化し、分業〔Teilung der Arbeit 労働の分割〕を惹き起こす。個々人の労働工程はこの分割によってより単純化される。そして、そのことによって個々人の抽象的労働における技倆ならびに彼の生産量も向上する。同時に、技倆ならびに手段のこの抽象化は、人々が他のもろもろの欲求を充足するための依存関係と相互関係を完きものにし、これらの関係を全くの必然性にする。生産活動の抽象化は、そのうえ、労働工程をますます機械的にし、こうしてついには人間を労働工程から解除して、機械で置き換えることを可能ならしめる。

〔『法の哲学』第一八三、一八七‐一九〇、一九六、一九八節　GW14, 1. S. 160, S. 162, S. 164ff., S. 168f.〕

こうして、労働を個別化〔細分化〕しようとする努力、別の機械を発明しようとする努力が絶えず続けられる。個々人の技倆、それが彼の生存の維持を可能ならしめるものであるが、このものが完く錯綜した全体の偶然に委ねられる。大勢の人間が、全く鈍麻させられてしまう不健康で不確かな、しかも、技倆を局限されてしまう工場労働、マニファクチュア労働、鉱山労働、等の奈落に追いこまれる。多数の人間を擁してきた産業部門が、流行が変わったとか、外国での発明による低廉化だとかのために、突如として破綻し、当該の多数の人間全体が全くお手上げの貧困状態に投げ出される。大いなる富と大いなる貧困との対照〔Gegensatz 対立〕が立ち現われる。この貧困たるや、どうしても身の立ちいかぬような貧困である。富は、いずれの蒐塊もそうであるように、力と化する。富の集積が生ずるのは、一つには偶然によってであるが、一つには分配を通ずる普遍性によってである。〔……〕富は、大きな物塊が小さな塊を引き寄せるように、わが身のまわりに寄せ集めて膨れあがる。持てる者には与えられる。営利事業は多面的な一体系となり、小規模な営業では利用することのできないようなあらゆる側面から収益を上げる。ないしはまた、労働の極度の抽象化が敢行され、個別的な労働種類を使い古しにして、その分だけ広い範囲を手中に収める。

富と貧困とのこうした不平等、窮迫と必然は、意志の徹底的な分裂を生み、内心での叛逆と憎悪に化する。この必然性は個々人の生存の完き偶然性であるが、同時にまた個々人の生存を保持する実体でもある。（『実在哲学Ⅱ』GW8. S. 244）

市民社会が円滑な活動状態にあるとき、市民社会はその内部で人口と産業とを絶えず増進する。欲求を介して人々の聯関が普遍化すること、および、欲求充足の手段を用意調達する方式が普遍化すること、このことによって富の集積が増大する。〔……〕これは事の一面であって、同時に他面では、特殊的労働の個別化と局限性、これにともなってそういう労働に拘束されている階級の依存性と窮乏が大きくなる。〔……〕／

貧困をいかにして取り除くかという問題が、わけても近代社会を揺り動かし苦悶せしめている重大問題である。〔……〕／

貧困に瀕している大衆をまともな生活様式の状態で扶養するための直接的な負担が、富んでいるほうの階級に課せられることになれば、ないしは、扶養のための直接的な手段がその他の公共的財産（富裕な救貧院、施療院、修道院）にあるとすれば、貧窮者の生計は労働による媒介なしに保障されることになるであろう。が、労働の媒介なしに生計が保障されるということは市民社会の原理にそむくものである。〔……〕

そこで今度は、彼らの生計が労働（労働の機会が与えられること）によって媒介されるとすれば、生産の量が増大し、生産の過多とそれに照応する〔……〕消費者の不足という事態が現出することになり、まさしくここに禍が存するのである。どちらの方法をとってもこの禍が大きくなるばかりである。

ここに、市民社会は富の過剰にもかかわらず、充分には富裕でないということ、すなわち、貧困の過剰と窮民の発生とを防止するに足るだけの固有の資産を有せぬということが露呈する。

こういう現象は、大掛りに、イギリスの実例で学ぶことができる。立ち入っていえば、救貧税、おびただしい施療院や同じく無際限な私的慈善事業がもたらした諸結果についても、その際、わけても同職団体《コルポラチオン》の廃止がもたらした結果についても、イギリスの実例で学ぶことができる。

（『法の哲学』第二四三節、二四四節補遺、二四五節　GW14, 1. S. 193f.(Suhrkamp. VII. S. 389ff.)）

国家権力が罷り出て、各々の圏域が維持されるよう配慮せざるをえない。すなわち、仲裁に入ったり、救助策を講じたり、新しい販路を外国に求めたり、或る活動が他者にとって不利益になりすぎるかぎりそれを阻止したり、といったことを国家権力がおこなわざるをえない。〔とはいえ〕営業の自由。それゆえ、干渉はできるだけ控え目なものでなければならない。ここは恣意の領分だからである。〔……〕営業は、当然、自発に委ねられる。が、そのかぎり、貧困の発生と増大という犠牲がつきまとう。

（『実在哲学Ⅱ』GW8. S. 244f.）

市民社会はこういうそれ自身の弁証法によって自分自身を超え出ていく。〔……〕／発達した市民社会は植民に駆り立てられる。植民によって、市民社会は、一方では住民の一部を新しい土地で家族原理に還帰させてやり、そのことによって他方では〔本国にとっての〕労働意欲の新しい用途と分野を入手する。〔……〕／しかしながら、植民地というものは、解放したほうが、本国にとってよりいっそう利益になることがおのずと明らかになる。

（『法の哲学』第二四六、二四八、全補遺 GW14, 1. S. 195f.(Suhrkamp. VII. S. 391ff.)）

市民社会においては理念が特殊性のうちに埋没してしまっているが〔……〕こういう市民社会も、司法活動においてはそれの概念へ、つまり即自的に存在する普遍的なものと主観的な特殊性との統一へとつれもどされる。〔……〕この統一の実現は、まずは相対的な合一として、内務行政の使命をなし、限られてはいるが具体的な綜体性として、同職団体を形成する。〔……〕／

同職団体の目的は限られた有限なものであるから——内務行政の外面的な配備のうちに現存する分裂とそれの相対的同一性がそうであるのと同様——即かつ対自的に普遍的な目的およびこの目的の絶対的な現実態のうちに、それの真理性を有する。それゆえ、市民社会という圏域は国家へと移行することになる。

（『法の哲学』第二二九、二五六節　GW14, 1. S. 188, S. 199）

第三節　理性と国家

国家は自己を意識せる人倫的実体――家族の原理と市民社会の原理との合一である。家族において愛の感情として存在しているのと同じ統一が国家の本質をなす。しかし、国家の本質は同時に、第二の原理、すなわち、知的で且つ自発的に活動する意欲という原理によって、識られたる普遍性という形式を受けとる。そして、知る主観性は、この識られたる普遍性の形式および、このものが知において展開する諸規定を、内容ならびに絶対的な目的としてもっている。すなわち、知る主観性は対自的にこの理性的なものを意欲する。

（『エンチクロペディー』〔精神哲学〕第五三五節　GW20. S. 507）

国家は人倫的理念の現実態である。すなわち、明瞭に姿を現わし〔啓示され〕て自己自身にとって明らかになった実体的意志としての人倫的精神である。この実体的意志は、自から思惟し、自からを知り、そして、知るところのものを、それを知るかぎりで、完全に成就する。

（『法の哲学』第一五七節　GW14, 1. S. 201）

第一項　意志の憑自

国家は、実体的意志の現実態であり、この現実性を国家の普遍性にまで高められた特殊的自己意識のうちにもっているのであって、即かつ対自的に理性的なものである。この実体的統一は絶対不動の自己目的であり、この目的において自由はその最高の権利〔Recht 法〕に達するのであるが、この究極目的も個々人に対して最高の権利〔正義〕をもつのであって、国家の成員たることが個々人の最高の義務である。

国家が市民社会と混同され、国家の使命が財産や人格的自由の安全と保護ということにおかれると、個々人としての個々人の利害関心が彼らの合一する終局目的ということになり、このことからまた、国家の成員たることは何か随意のことであるという結論が出てくる。しかしながら、国家が個人に対してもつ関係はこれとは全く別様である。国家が客観的精神なのであるから、個人自身が客観性、真理性、人倫性をもつのは、彼が国家の一成員たるかぎりにおいてのみである。合一そのものがそれ自身、諸個人の真の内容・目的なのであって、普遍的生活を営むことが諸個人の使命である。〔……〕

理性的であるということは、抽象的に考察すれば、総じて普遍性と特殊性との相互浸透的な統一ということに存するのであるが、ここで具体的に内容に即していえば、客観的自由――すなわち、普遍的な実体的意志――と主観的自由〔……〕との統一ということである。〔……〕それゆえ、形式に即していえば、思惟された法則〔法律〕および原則に則って、すなわち、普遍的な法則および原則に則って行動が規定されるということに存する。〔……〕ところで、国家一般の、ないしはむしろ特殊的な各国家の歴史的起源、国家の諸法や諸規定の歴史的起源がどういうものであるか、ないしはどういうものであったかということ、国家は当初家父長制的諸関係から生じたのか、恐怖または信頼から生じたのか、同職団体、等々から生じたのかということ、それからまた、国家のそういう法の基礎をなすところのものが、どのようにして意識において、神法や実定法として、ないしは契約や慣習などとして把えられ、固定されたのかということ、こういったことは国家の理念そのものとは関係がない。そういったことがらは、ここでもっぱら問題にしている学問的認識という視点からすれば、現象たるにすぎず、歴史的な案件である。（『法の哲学』第二五八節　GW14, 1. S. 201f.）

形式的に整った国家の形成を準備する所以となった国内法上の諸関係の偉大なる端初形態は、ドイツの場合、歴史上、かの時点に求めることができる。すなわち、古い王国の統治権力が中世に没落して全体が原子に解体してしまったのち、騎士、自由都市民、修道院、貴族そしてまた商工業者がこの混乱状態に対処して、同輩団体や同職団体を結成するにいたり、そこでこれらの諸団体が長期にわたって拮抗しあい、ついには何とか共存態勢を見出すようになった時点がそれである。（「ヴュルテンベルク王国地方民会の討論」GW15. S. 44）

哲学的考察が事とするのは、もっぱら、こうしたものすべての内面にあるもの、思惟された概念である。この概念の探求という点で、ルソーは次のような功業をおさめた。すなわち、単に形式上思想であるような原理（たとえば、社会衝動とか神授権とか）ではなく、内容上も思想であるような原理、しかも思惟そのものであるような原理、つまり、意志を国家の原理として立てたということがそれである。しかし、彼は意志というものを（その後フィヒテもそうしたのであったが）個別的意志という特定の形式においてしか把えず、普遍的意志を、意志の即かつ対自的に理性的なものとしてではなく、単に共同的なもの、つまり、意識された意志としてのこの個別的な意志から出てくる共同的なもの〔das Gemeinschaftliche〕として把えたにすぎない。そのため、国家における個々人の合一は契約ということになり〔……〕さらにはまた、即かつ対自的に存在する神的なものとこれの絶対的な権威・尊厳を破壊するたぐいの、単に悟性的なもろもろの帰結が生ずる所以となる。そのゆえに、それが権力になったとき、これらの抽象は一面では、現実の一大国家の体制を、現存する既存のもの一切を顛覆して、いまや全くの初めからしかも思想から出発して築き、もっぱら理性的と思念されたものを以って国家体制の土台たらしめようと欲するという、人類史上はじめての途轍もない光景を現出したのであった。他面では、それらは理念を欠いた抽象にすぎないので、この企図を世にも恐ろしい目もくらむ大事件にしてしまった。

個別的意志の原理に対置して、次の根本概念が想起されねばならない。すなわち、客観的意志は即自的にその概念において理性的なものであるということ——このことは、個々人がそれを認識しようとしまいと、また個々人の選好がそれを欲しようと欲しまいと変わりない——それからまた、客観的意志に対置されるところのもの、すなわち、自由の主観性、個別的意志の原理にのみ繋縛されているような知と意欲、これは理性的意志の理念のうち一つの、従って一面的な契機しか含んでいないということ、この事実である。因みに、意志は対自的であるのと同様に即自的でもあることによってのみ理性的意志なのである。

国家を以ってそれ自身で理性的なものであると諒解する思想に反対するもう一つの説がある。それは、現象の外面性、すなわち、窮迫、保護の必要、勢力、財富等々といった偶然事の外面性を、国家の歴史的発展の契機とはとらずに、国家の実体とみなしてしまう説である。ここでもまた諸個人の個別性が認識の原理とされているが、しかし、個別性の思想ではなくして、逆に、強弱、貧富といった偶然的な特性からみた経験的な個別性が原理にされている次第なのである。

（『法の哲学』第二五八節　GW14, 1. S. 202f.）

普遍的意志は各人の即自である。すなわち、普遍的意志は彼らの外的権力、彼らを強制する外的権力である。という次第で、国家というものはすべて、大人物の傑出した権力〔Gewalt 暴力〕によって創立されたのであるが、肉体上の〔physisch 物理的な〕強さによってではない。因みに肉体上の強さということでは、多数のほうが一人の人物よりも勝る。大人物は、他の者どもが彼を自分たちの主と呼ぶような何かを相貌のうちに具えている。人々は己れの意に叛いて彼に帰服する。彼らの意に叛いて、彼の意志が彼らの意志なのである。彼らの直接的で純粋な意志は彼の意志なのである。ただし、彼らの自覚的意志は別である。大人物は、彼らの直接的で純粋な意志を自分の側にもっており、そこで、彼らは欲していないにもかかわらずしないではいられない。これが、絶対的意志を知り、言明するという、大人物のもつ天賦の資質である。万人が彼の旗下に集う。彼は彼らの神である。このようにしてテセウスはアテネ国家を創立した。また、このようにして、フランス革命においては恐るべき権力が、国家を、その全般を掌握した。この権力は専制〔Despotismus〕ではなく僭主制〔Tyrannei〕である。〔……〕こういう権力は、それが国家をこういう現実的な個体として創設し保持するかぎりにおいて、必然的であり、正当である。この国家は、自己自身を知る純一な絶対的精神であり、この絶対的精神にとっては、それ自身以外のいかなる規定されたものも妥当せず、善悪とか、醜悪・卑劣とか、奸計・欺瞞とかいうような概念はいずれも通用しない。国家は、こういったもの一切を超越している。けだし、国家においては、悪は自分自身と宥和して〔贖われて〕いるからである。マキャヴェリの君主論はこういう偉大な感覚で書かれている。〔……〕しかし、君主に対する臣下の無関心性、それにもかかわらず君主が臣下に対して〔……〕君主として振舞うこと、これはかの僭主制を贅《ぜい》事にする。けだし、君主の我意がそのことによって無力化されるからである。

かくして、個々人〔個別者〕としての個々人に対して、つまり、自分たちの直接的な積極的意志が絶対的として主張されているのだということを知ろうとする個々人に対して、普遍者が存在する。それは、軍隊、僭主、純粋な暴力である。というのは、この普遍者は彼らにとって疎遠なものだからである。そのうえ、自己の何たるかをわきまえているほどの国家権力であれば、全体の存亡が懸る難局に際しては、完く僭主的に処する勇気をもっていなければならない。

僭主制を通じて、現実的個別的な意志の直接的な外化〔Entäußerung 断念、放棄〕が帰結する。――この服従への教養〔陶冶〕つまり普遍的なもののほうをむしろ現実的な意志として知るこの教養〔形成〕を通じて、僭主制は贅事になり、法の支配が登場する。

（『実在哲学Ⅱ』GW8. S. 258f.）

普遍的意志は、万人の意志でしかも各人の意志であるが、しかし、意志としてはそれは端的にただこの〈自己〉であり、普遍者の行為は一つの一者である。普遍的意志はこの一者のうちへと自己を集約しなければならない。普遍的意志は、まずは個々人の意志から普遍的意志として構成されなければならない。そのことによって、個々人には原理とエレメントが映現するが、しかし、反対に、普遍的意志こそが第一のものであり、本質的存在である。そして、個々人は自己否定によって、外化と教養によって、自己を普遍者たらしめねばならない。普遍的意志は個々人に先立つ。普遍的意志は個々人に対して絶対的に定在する。

（『実在哲学Ⅱ』GW8. S. 256f.）

国家は、個々人の自己意識において、個々人の知と活動において、媒介された実存をもつが、個々人の自己意識もまた、〔……〕自己の本質であり、自己の目的であり、そして自己の活動の所産たる国家のうちに、彼の実体的自由をもっている次第なのである。

（『法の哲学』第二五七節　GW14, 1. S. 201）

第二項　自由の体制

即かつ対自的な国家は、人倫的全体であり、自由の実現態である。自由を現実化することこそが理性の絶対的目的である。国家は、世俗界のうちに立ち、この世俗界のうちで、意識を以って自己を実在化する精神である。

（『法の哲学』第二五八節補遺　Suhrkamp. VII. S. 403）

国家は生動的な精神として、端的に組織化された一全体としてのみ存在する。この組織化された全体は、特殊的な諸能作への内的な区別を孕む相で存立しており、当の諸能作は理性的意志という一つの概念から（よしんばそれが概念としては知られていないにせよ）出発し、理性的意志の概念を自己の成果として絶えず生産しつづける。憲法〔Verfassung 国家体制〕は国家権力のこの分節組織である。〔……〕憲法は現存する正義――それのあらゆる理性的規定の展開における自由の現実態として現存する正義である。

（『エンチクロペディー』〔精神哲学〕第五三九節　GW20. S. 509）

自由というとき、個別性、個別的な自己意識から出発してはならない。もっぱら自己意識の本質から出発すべきである。というのも、人間がそのことを知っていようといまいと、この本質は自己を自立的な権力として実在化するのであって、そこにおいては、個々の個人は契機たるにすぎないからである。

（『法の哲学』第二五八節補遺　Suhrkamp. VII. S. 403）

自由と平等というカテゴリー、これら二つの単純なカテゴリーにおいて憲法の根本規定ならびに憲法の究極的な目標と成果が総括されているという旨がしばしば主張される。これは真実ではあるが、これら両規定の欠陥は、第一に、それらは余りにも抽象的であるという点である。こういう抽象態の形式で固定されると、具体的なもの、つまり、国家の分節組織、すなわち、憲法体制や統治一般を成功に導くことなく、破壊する所以のものとなる。国家の成立とともに、不平等、統治権力と被統治者との区別、官憲、役人、支配人、等々が現われる。平等の原理を徹底していくとあらゆる区別が廃棄され、いかなる種類の国家状態も存立できない結果になる。

〔……〕

まず、平等についてであるが、あらゆる人間は生まれながらにして〔自然本性上〕平等であるという熟知の命題は、自然的なものと概念とを混淆するという誤解を含んでいる。生まれからみれば人間はむしろ不平等と言わなければならない。しかし、自由という概念は〔……〕とりあえず概念として現存するかぎりでいえば、財産〔所有〕の能力ある人格としての抽象的主体性である。〔……〕人格性に関する抽象的なこの唯一の規定が人間たちの現実的平等性の内容をなしている。しかし、こういう平等が現前しているということ、そして人間――ギリシアやローマその他でのように単に若干の人間たちがではなく、人間なるもの――が人格として承認され、法的に妥当するということ、これはおよそ自然〔生まれつき〕からではなく、精神の最深奥の原理の意識によって産み出された成果であり、この意識の普遍性と形成に基づく所産・成果なのである。

市民は法律の前では平等であるということは高い真理を含んではいるが、しかし、そういう表現では同義反復である。けだし、これで以っては単に、法律が支配しているという法的状態一般が表現されているにすぎないからである。しかるに、具体的なものを顧みていえば、市民が法律の前での人格性として以外にも平等であるのは、彼らが法律の外部においてもともと平等であるような場面においてのみである。何らかの仕方でもともと偶然に既存した平等、たとえば資力、年齢、肉体上の強さ、才能、技倆といった方面での平等、ないしはまた、違反行為といった面での平等のみが、法律の前での平等な取扱い――たとえば租税、兵役義務、官吏への登用等々、また処罰等々に関しての平等な取扱い――を具体的な場面で可能ならしめかつ当為ならしめるのである。法律そのものは、人格性というあの狭隘な範囲を超え出た場面でいえば、不平等な状態を前提し、そのことから生ずる不平等な法的権能や義務を規定する。

自由に関していえば、自由ということはとりあえず、他人の恣意や無法な取扱いに対抗する否定的な意味でも受け取れるし、主観的な自由という肯定的な意味においても受け取れる。〔……〕かつて以前には、或る国家なり都市等なりにおける私法であれ公法であれ、法律的に規定された法が当事者たちの自由と呼ばれていた。実際、真実の法律はいずれも一つの自由である。というのは、それは客観的精神の理性的規定を含み、従って自由の内容を含んでいるからである。しかるに、世人の通常的な表象においては、各人は自分の自由を他人の自由との関連で制限しなければならず、国家とはそういう相互的制限の状態であり、法律とは当の制限である、という具合にすっかり考えられてしまっている。こういう表象においては、自由というものは単に偶然的な気儘や恣意とみなされているわけである。〔……〕

われわれとしては、しかし、それとは逆に次のように言わざるをえない。近代諸国家の高度の発展と形成が現実にもたらしたのは、具体的な場面における諸個人の極端な不平等なのであり、それにひきかえ、法律の深い理性性ならびに法律によって統治される状態の確立によって、ますます大きな確固たる自由を発動させている。従って、近代諸国家の発展と形成は、自由を許容し、自由と両立しうると言わねばなるまい。自由と平等という言葉を皮相に区別することからしてすでに、自由は不平等へといきつくという思いを示唆している。しかし、実際には逆であって、世上におこなわれている自由の概念は、平等へと帰趨する。自由が、財産の安全として、各人の才能や良き資質を展開し発揚する可能性等々として、確立すればするほど、自由はおのずから明らかなこととして現われ、自由の意識と自由の評価とは、とりわけ、自由という概念の主観的な意味の方に転じていく。しかし、この自由、欲するがままに特殊的・普遍的なあらゆる精神的関心事に熱中する活動の自由〔……〕は一面では、人間を不平等ならしめ〔……〕る特殊性を最高度に練成し、他面では、かの客観的自由という条件のもとにおいてのみ成長する。現に主観的自由は近代国家のうちにおいてのみこういう高みにまで成長しており、また成長することができたのである。

（『エンチクロペディー』〔精神哲学〕第五三九節　GW20. S. 509ff.）

自我は、普遍者であるところのこの他者のうちにおいて、自分自身の許に〔憑自的に〕ある。自我は自己を規定しながらも、依然として自己の許にありつづけ、普遍者を固持することをやめない。これが自由の具体的な概念である。〔……〕こうした自由をわれわれは、たとえば友情とか愛とかいうような情感のかたちにおいて既に有している。そこでは、人々は一面的に自分自身の内に〔閉じこもって〕いるのではなく、却って他者との関連において進んで自己を制限し、この制限のうちにありながら自己を自己自身として知る。〔……〕自由というものは、無規定性にあるのでも被規定性にあるのでもなく、両者なのである。

（『法の哲学』第七節補遺　Suhrkamp. VII. S. 57）

君主が彼の国民を、本質的に作動的な構成要素として国家権力のうちに迎え入れること、以って、さしあたっては全く彼の掌中にある国家権力に、より広範な、しかも唯一しかるべき基礎を附加すること、地上における世俗的な光景として、これ以上に偉大なことはまたとない。

（「ヴュルテンベルク王国地方民会の討論」GW15. S. 34）

完全なる国家の形態にあっては、概念の全契機が自由なる実存を達成しているのであるが、そういう国家形態において主体性をなす者は、決していわゆる道徳的人格〔法人格〕ないし、多数から生ずる決定ではなく〔……〕現実的な個体性として、一人の決裁する個人の意志である。——すなわち、君主制となる。君主体制は、それゆえ、発展した理性の国家体制であり、他種の国家体制はいずれも理性のより低次の発展・実現段階に属する。

（『エンチクロペディー』〔精神哲学〕第五四二節　GW20. S. 516）

自由な普遍者は個体性という〈点〉である。この個体性は万人の知からおよそ自由であって、万人によって、政府という端項〔Extreme 対極〕として設立されるようなものではない。かくして、それは直接的な個体性、一つの自然的な個体性である。すなわち、世襲君主である。彼は全体の確固たる、直接的な結節点である。精神的紐帯は公共の意見であり、これは立法団体である。〔……〕全体は個々人の知からも統治者の資質からも独立である。〔……〕これは、古代人たち、プラトン〔でさえ〕が知らなかった近代の高次の原理である。

（『実在哲学Ⅱ』 GW8. S. 262f.）

近代における国家の理念は、国家が自由の実現態であること、しかも主観的な選好に則ったそれではなく、意志の概念に則った、すなわち、意志の普遍性・神性に則った自由の実現態であることを特質とする。〔……〕近代国家の本質は、普遍者が特殊性の完き自由ならびに諸個人の福祉と結合されていなければならないということ、従って、家族および市民社会の利害が国家へと総攬されていなければならないということにある。〔……〕普遍者が確証されていなければならないが、他面では、主体性が全般的かつ生動的に発展させられねばならない。両契機が力を発揮して存立していることによってのみ、国家は分節的に編制されているとともに真に組織化されている国家とみなされうるのである。

（『法の哲学』第二六〇節補遺 Suhrkamp. VII. S. 407）

第三項　地上の神国

国家が存在するということが世界における神の歩みなのであり、国家の根拠は自己を意志として実現する理性の権力である。国家の理念という際、あれこれの特殊的な国家や特殊的な制度を思い泛かべるのではなく、むしろ理念を、この現実的な神をそれ自身として考察しなければならない。〔……〕

半端な哲学は神に背を向け、〔……〕真正の哲学は神へと導く、という言葉が人口に膾炙しているが、国家についても同様である。

（『法の哲学』第二五八節補遺、序文　GW14, 1. S. 16 (Suhrkamp. VII. S. 403, S. 27)）

真の宗教、真の宗教心は、もっぱら人倫のうちからのみ出現する。〔……〕人倫のうちからのみ、しかも人倫から出発してのみ、自由なる精神としての神の理念が識られる。〔……〕人倫とは自己の実体的な内面へと還帰した国家であり、国家は人倫が展開・実現したものであって、人倫そのものならびに国家の実体性をなすものが宗教なのである。〔……〕

宗教の場で非自由の原理が廃止されていないところでは、法律や国家秩序を理性的な法組織につくりかえてみても、何の役にもたたない。〔……〕堕落せる人倫の体系、これの国家体制や立法組織を、宗教の変革なしに改変したこと、宗教改革ぬきの革命を遂行したこと〔……〕これは近代の一愚行とみなさざるをえない。

（『エンチクロペディー』〔精神哲学〕第五五二節　GW20. S. 531f., S. 536f.）

フランス革命を世界史的なものとして考察しておく必要がある。〔……〕国外への波及に関していえば、近代国家のほとんど全部が征服の結果としてフランス革命の原理に門戸を開くか、もしくは、当の原理をあからさまに導入することになった。わけても自由主義が全ロマン国民、つまり、フランス、イタリア、スペインというローマ・カトリック世界を支配した。〔……〕自由主義という抽象がフランスから発して全ロマン世界を席巻したのであるが、このロマン世界たるや依然として宗教的隷属制を通じて政治的非自由の鎖につながれていた。けだし、良心の解放をぬきにして、権利と自由の桎梏を解きうるとすること、すなわち、宗教改革なき革命がありうるとすること、これが誤てる原理たる所以である。

（『歴史哲学』　Suhrkamp. XII. S. 535）

教会と国家とは、真理性と理性性の内容に関して相対立するものではなく、形式に関して相区別されるものであるということ、これを認識するのが哲学的洞察である。

（『法の哲学』第二七〇節　GW14, 1. S. 220）

君主制においては君主と並んで一つの宗教が存立しなければならない。君主は全体の同一性であるが、経験的な姿態での同一性である。〔……〕国民が自己自身との、すなわち自然本性と人倫との一体化を遂げれば遂げるほど、その国民は神的なものを自分自身のうちにとりいれ、神的なものに背くような宗教はもたなくなる。

（『人倫の体系』　GW5. S. 361）

一般論として、〈宗教〉と〈国家の基盤〉とは一個同一のものであり、両者は即かつ対自的に同一である。〔……〕

プロテスタント諸国家においては、宗教と国家とのかの統一が実現している。ここでは、国家の法律は理性的なものとして、また神的なものとして妥当〔通用〕する。それというのも、こういう前提となる根源的な調和があるためである。そしてまた、宗教は、国家において妥当する諸原理と矛盾するような自分固有の原理は何一つもたないようになっている。

（『宗教哲学』　Suhrkamp. XVI. S. 236, S. 238）

宗教は、人倫的なもの一般を含む、つまり、より詳しくいえば、神的意志たる国家の本性を含む基盤をなすとはいえ、宗教であるかぎりそれは基盤たるにすぎないのであって、ここに国家と宗教との分岐点がある。国家は、現実的な形姿をとり一世界の現実的組織へと自己を展開する現在的精神、そういうものとしての神的意志である。〔……〕

いやしくも真の宗教であれば、国家に対して否定的・挑戦的な姿勢をとることなく、むしろ国家を承認し裏書きする。そのかぎりで、宗教はそれ自身、固有の地歩を占め、固有の発現をもつ。〔……〕だがしかし、教会・教団が財産を占有し、その他もろもろの祭式行事をおこない、そのために専従する諸個人を擁するかぎり、教会・教団は内面の世界から俗世間へ、従って、国家の領分内に身を移し、依って以って、直接、国法の支配下に入る。

（『法の哲学』第二七〇節　GW14, 1. S. 214, S. 216ff. (Suhrkamp. VII. S. 417f., S. 420f.)）

＊

国家は現前する真に人倫的な生命である。けだし、国家は普遍的・本質的な意欲と主観的な意欲との統一だからである。〔……〕人倫の法則〔Gesetz 法律、掟〕は偶然的なものではなく、理性的なものそのものである。そこで、この実体的なものが人間の現実的な行為ならびに心情のうちにおいて妥当し、そこにおいて現前し保持されるようにすること、これが国家の目的である。この人倫的全体を現前せしめることが理性の絶対的な関心事である。そしてこの点に、よしんば未熟な国家であったにせよ、ともかくにも国家を創設した英雄たちの義挙と功業が存するのである。世界史においては国家を形成した諸民族しか論題にのぼりえない。けだし、国家にしてはじめて自由の実現態、すなわち絶対的究極目的の実現態であること、国家はそれ自身のために存在するものであること、さらにはまた、人間のもつ一切の価値、一切の精神的現実性は国家を通じてのみ所持されるのだということ、われわれはこれを知らねばならない所以である。〔……〕

国家とは神の理念が地上において現前化しているものである。ゆえに、国家は、自由がその客観性を獲得し、この客観性を享受しつつそこに生きるところの、世界史全般のより立ち入って規定される対象である。けだし、法律は精神の客観性であり、真実態における意志である。法律に服従する意志のみが自由である。けだし、意志は自分自身に服従するのであり、自己の許に〔憑自的に〕あり、自由であるからである。国家、祖国が生存の一共同性を形成することになり、人間の主観的意志が法律に服属することになると、自由と必然との対立が消失する。理性的なものは実体的なものとしては必然的であるが、われわれがそれを法律として承認し、われわれ自身の本質の実体たるそのものに遵うのであるから、われわれは自由である。ここにおいて、客観的意志と主観的意志とが宥和され、一個同一の曇りなき全体となる。

（『歴史哲学』 Suhrkamp. XII. S. 56f.）

国家間の諸関係においては、国家はそこでは特殊的な諸国家であるから、激情、利害関心、目的、才智才能、暴力、不正、悪徳といった内面的な特殊性が、外面的な偶然性とともに、甚だ目まぐるしい戯れを演じ〔……〕そこでは人倫的全体そのもの、国家の自立性が偶然性に曝らされる。〔……〕／

諸国家は国家そのものとしては相互に独立であり、それゆえ、国家間の関係は外面的なものでしかありえない。そこで、第三の結合者が諸国家のうえに存在しなければならない。この第三者こそ、世界史というかたちで自己に現実性を賦与し、諸国家に対する絶対的な審判者となる精神である。

（『法の哲学』第三四〇節、第二五九節補遺 GW14, 1. S. 198 (Suhrkamp. VII. S. 503, S. 405)）

V　歴史と摂理

本章では、客観的精神論の掉尾《ちょうび》を飾る「世界史の哲学」と絶対的精神論のうち宗教論の次元を中心にして、第一節「自由の実現」、第二節「理性の狡智」、第三節「神との宥和」という順でみて行く。

ヘーゲルの歴史哲学は抽象談義に終始するものではなく、彼一流の強引な図式化がおこなわれているにせよ、シナ・インド・ペルシアなどへの関説をも含めて、驚くべき該博な知識に支えられている。宗教哲学の場合も同様であって、彼のいわゆる「自然宗教」に関する知識や宗教史的知識は意想外なほど豊かである。ここでは、もとより、ヘーゲルによる歴史的記述を辿る余裕はないし、キリスト教以外の宗教に対する彼の見方に詳しく立ち入ることも割愛せざるをえない。——実をいえば、ヘーゲルは神学徒として出発しながら、青年期に一時、キリスト教に対して多分に否定的な姿勢をとった経緯をもっている。彼の哲学の根本テーゼとモチーフの形成を考える場合、テュービンゲン神学校の神学徒時代における或る屈折した内的経験を勘案する必要がある。また、彼の時代意識・歴史意識ひいては政治思想のみならず、彼の哲学そのものを考える場合、これまた学生時代におけるフランス革命の〝経験〟を無視するわけにはいかない。本書においては、しかし、それは望蜀《ぼうしょく》というものであって、基本的な意想と構案の摘録で以って次善《じぜん》とする。

第一節においては、歴史を以って「自由という理念の実現過程」と観ずる彼の歴史観をみておく。因みに「物質の実体が重力であるのに対して、精神の実体、精神の本質は自由である」というのが彼の基本的な了解なのであって、自由の実現とは、とりもなおさず「精神」の即かつ対自的な実現を意味する。この場合、「自由」とは「最高の共同こそが最高の自由である」という人倫的な了解に立つとともに、偶然性と必然性に関するヘーゲル固有の了解にも支えられている。そして、この際、歴史の主体＝実体は、単なる個々人ではなく、人倫的な精神、「民族精神」であり、歴史の次元においては、絶対精神は「世界理性」というかたちで問題になる。

第二節では、この「世界理性」が自己の理念を実現していく機制、すなわち、かの有名な「理性の狡智」の存立機制をいわゆる「世界史的個人」、英雄的人物論とも絡めて概観する。理性の狡智にヘーゲルの託した論理構制は、いわゆる決定論と非決定論との対立、法則的必然性と主体的自由との対立という二律背反的な事態をヘーゲルなりに止揚する鍵鑰《けんやく》をなすものであり、これを以って一種の決定論の構図とみる見解は短見であると言わねばならない。尚、ヘーゲルの「狡智」観の原型は、これまた労働の場面、道具の存立実態に定位して発想されたものであり、ヘーゲルが論理的推論の次元にとどめず存在論的な場面で好んで云為する「推理」（三項連結）という構制も道具論・狡智論と相即的であることを、所掲の或る断片が示す筈である。

第三節では、第一項「宗教の本質」、第二項「教団と世界」、第三項「精神の完現」という三つの視角からキリスト教論、ひいては、宥和論の中心思想を素描しておく。ここでは、ヘーゲル学派の分裂を機縁づけ、やがては決定的な分裂と解体を帰結する所以となったヘーゲル左派のクリストロギー、ならびに、宗教理論との接点となる諸契機を可及的に摘録した心算である。行文中、有名な「不幸なる意識」論の一斑を配し、また、ヘーゲル疎外論の原基的な構制と意想を知るよすがを供しつつ、さらには絶対知論、ひいては、ヘーゲルの哲学（学問）論にまで射程を伸ばしておいた。

本章の終る所、それが薔薇島《ロードス》であり、本章の終る時、それがミネルヴァの梟の飛び立つ時でもあろう。それが果たして聖霊の国であるか否かは、今われわれの問い得るところではない。

世界史というものは、周知の通り、総じて時間のうちにおける精神の展開であって、自然としての理念が空間のうちで自己を展開するのと類比的である。／

歴史〔Geschichte〕という言葉は、ドイツ語では、客観的な側面と主観的な側面とを兼併しており、res gestae〔出来事〕そのものを意味するとともにhistoria rerum gestarum〔出来事の記録〕をも意味する。歴史はdas Geschehene〔起こった事柄〕であるとともにdie Geschichtserzählung〔歴史叙述〕でもある。この二つの意味の兼併は単なる外面的な偶然以上の高次のものとみなければならない。つまり、歴史叙述は本来の歴史的な営為や事件と同時に現われるのだとみなければならない。或る内面的な共通の基盤があって、それが両者を一緒に現出させるのである。

（『歴史哲学』Suhrkamp. XII. S. 96f., S. 83）

われわれが世界史において論考しなければならないのは、民族という諸個体〔Individuum不可分的全一体〕、もろもろの国家というかたちをとった全体者である。〔……〕／世界史においては、国家を形成した諸民族しか論題にのぼりえない。というのは、〔……〕国家にしてはじめて自由の、すなわち絶対的究局目的の実現態だからである。〔……〕／国家は人間の意志ならびに自由が外面性の相をとっている精神的理念である。それゆえ、本質的にいって、歴史の変化はそもそも国家において生ずる。そして、理念の諸契機が国家においてはさまざまな原理、、となって現われる。

（『歴史哲学』 Suhrkamp. XII. S. 26, S. 56, S. 66）

第一節　自由の実現

世界史は、自由の精神という意識の展開過程、ならびに、この意識によってもたらされる現実化の展開過程を叙述する。この展開過程は、段階的行程、〔……〕自由の諸規定の累進的な系列というありかたで進捗する。（『歴史哲学』Suhrkamp. XII. S. 86）

世界史とは、精神が、自分自身が即自的にそれであるところのものについての知を、いかにして仕上げていくか、この過程の叙述である。丁度、萌芽が樹の全性質、果実の味や形を内蔵しているのと同様に、精神の最初の痕跡もすでに全歴史を潜在的に含んでいる。東洋人は精神ないし人間そのものが即自的に自由であるということを未だ知らない。彼らはこのことを知らないがゆえに、彼らは自由でない。彼らは一人の者が自由であるということしか知らない。が、まさしくそのゆえに、そういう一人の者の自由は、単なる恣意であり、粗暴であり、手放しの情熱であったり、ないしは、これまた自然的偶然や恣意たるにすぎないところの、情熱なき温厚や馴順ということになる。そのため、当の一者は専制者たるにすぎず、自由人ではない。――ギリシア人のうちにはじめて自由の意識が立ち現われた。それゆえに、彼らは自由であった。しかし、ギリシア人たちは、ローマ人たちもそうであったが、若干の者が自由であるということしか知らず、人間が人間として自由である、ということは知らなかった。プラトンやアリストテレスでさえこのことを知らなかったのである。それゆえに、ギリシア人たちは奴隷をもち、彼らの生活および彼らの美わしき自由の存立が奴隷の所持と不可分になっていたのみならず、彼らの自由がそれ自身、一斑においては偶然的な、果敢ない、限定〔期限〕つきの花であり、他斑においては同時に人間的なもの、ヒューマンなものを抑えつける残酷な奴隷制〔Knechtschaft 奴隷の境遇〕であった。――ゲルマン諸民族がはじめて、キリスト教において、人間が人間として自由であり、精神の自由こそが人間の最も固有な本性をなしているという意識に到達した。この意識は、当初は宗教のうちに、すなわち、精神の内奥の領域に立ち現われたのであった。が、この原理を世俗的部面にも推及すること、これが次の課題であった。この課題の解決と実施には長期かつ困難な教化の労苦〔Arbeit der Bildung〕を要した。〔……〕この原理の世俗的な場への適用〔……〕は長期にわたる径行であって、この径行がすなわち歴史そのものを形成する。〔……〕世界史とは自由の意識における進歩であり――この進歩をその必然性において認識することをわれわれは課せられている次第なのである。

世界史は東から西へと進む。けだし、端的に言って、ヨーロッパは世界史の終局であり、アジアはその端初だからである。世界史にとっては絶対的な東方が現存する。が、東方というものはそれ自身としては全く相対的なものである。それというのも、地球が球体をなしているからといって、歴史というものは別段地球を廻る円環ではなく、歴史はむしろ一定の東方をもつのであり、この東方がアジアだからである。外なる自然の太陽はここから昇り西方に没するが、それにひきかえ、自己意識という内なる太陽はこの西方で昇り、一層高次の光輝を放つ。世界史は自然的意志の放埒を陶冶して、普遍的なもの、主体的な自由たらしめる訓育である。東洋〔Orient〕は一人の者が自由であるということしか知らなかったし、いまなおそうである。ギリシア・ローマの世界は若干の者が自由であるということを知り、ゲルマン世界はすべての者が自由であることを知っている。それゆえ、世界史のうちに見られる第一の形態は専制政体であり、第二の形態は民主政体〔Demokratie〕や貴族政体であり、第三の形態が君主政体〔Monarchie〕である。

（『歴史哲学』 Suhrkamp. XII. S. 31f.）

（『歴史哲学』 Suhrkamp. XII. S. 134）

世界史は自由の意識を内実とする原理が展開していく段階的行程を叙述する。この段階

〔階梯〕なるものの立ち入った規定は、一般的な本性に即しては論理学的に論究すべきであるが、より具体的な相では精神哲学のうちで挙示さるべきものである。

（『歴史哲学』 Suhrkamp. XII. S. 77）

段階というものはそれぞれ一定の固有の原理をもっている。歴史においては、各段階の原理をなすものは精神の特定の在り方——特殊的な〔格別な〕民族精神である。民族精神は、歴史のうちにおいて、自分の意識と意欲のあらゆる側面、自分の現実態全体のあらゆる側面を、具体者として表現する。民族精神の現実態は、当の民族の宗教、政治体制、倫理、法体系、習俗、ひいてはまた、当の民族の学問、芸術、技術的技倆、これらのものの共通な特性をなす当のものである。これら特種的なもろもろの特有性は、或る民族の特殊的な原理という普遍的な特有性から理解さるべきであり、逆にまた、当の民族の特殊性をなす普遍的なものは、歴史のうちに現前する個々の事実から発見されねばならない。

（『歴史哲学』 Suhrkamp. XII. S. 87）

特定の一民族の自己意識が、普遍的精神の定在しているその都度の発展段階の担い手であり、普遍的精神が自己の意志をそれに籠《こ》める客観的現実態である。この絶対的意志に対しては他のもろもろの特殊的民族精神は無権利であり、かの特定の民族が世界を支配する民族となる。

（『エンチクロペディー』〔精神哲学〕第五五〇節　GW20. S. 529）

自由という理念ほど甚だしく誤解されているものはなく、またこれほど無思慮に横行しているものはない。

（『エンチクロペディー』〔精神哲学〕第四八二節　GW20. S. 476）

＊

次のような自由観、つまり、自由とは相対立する規定のあいだでの選択であるという自由観はきっぱりと放擲さるべきである。この観方では、プラスAとマイナスAとが眼前に開けていて、プラスAまたはマイナスAとして自己を規定するところに自由が成り立つとされており、自由ということは端的にこのあれか‐これか〔Entweder-Oder 二者択一〕と結びついているものと考えられている。こういう選択の可能性とでもいったものが、端的な話、経験的な自由であるが、こういう経験的な自由は通俗の経験的な必然性と一体であって、どうしても経験的な必然性からは分離できない。こういう自由とやらは、むしろ、プラスAおよびマイナスAという対立項の否定ないし観念性であって、両項のいずれも存在しなくなるという意味で、可能性の捨象である。自由がもっぱらプラスA、またはもっぱらマイナスAとして、つまりどちらか一方だけとして規定される場合、その場合にかぎってのみ、自由にとって外的なものが存在するということになろう。しかるに、自由とはまさにこれの反対であって、自由にとって外的なものは存在しないのである。従って、自由にとってはいかなる強制も不可能である。

（『自然法の学的取扱いについて』GW4. S. 446）

思弁的なものを知るには〈あれかこれか〉のほかに、第三のもの、つまり〈あれもこれも〉および〈あれでもこれでもない〉があることを知らねばならない。

（『哲学史』Suhrkamp. XIX. S. 399）

規定性というものはいずれも、その本質上、プラスAであるか、マイナスAであるかのどちらかであるが、プラスAにはマイナスAが、そしてまたマイナスAにはプラスAが解き難く連結されている。そのため、個体がプラスAという規定性に自己を定立するとすれば、それは同時にまた、マイナスAにも結びつけられる所以となる。しかも、その際、マイナスAは当の個体にとって外的なものであり、彼の意のままにはならない。それどころか、プラスAとマイナスAとが絶対的に結合しているがゆえに、彼はプラスAという規定性によって直接にマイナスAという疎遠な強力のもとにおかれることになろう。かくして、プラスAまたはマイナスAとして自己を規定する選択において成り立つと称される自由は、この必然性からどうしても脱け出せない仕儀となる。プラスAとして自己を規定するとき、マイナスAは無化〔Vernichten〕されるのではなく、自由にとって外的なものとして、それは絶対的必然的に存立する。逆に、マイナスAとして自己規定する場合にも同断である。自由が自由であるのは、ひとえに、肯定的にであれ否定的にであれ、マイナスAをプラスAと合一させ、プラスAという規定性にあることを廃棄することにおいてのみである。両規定はその合一において両者とも無化される。つまり＋A－A＝0となる。この無がプラスAおよびマイナスAに対して単に相対的に、つまり、無差別的なAそのものが一つの規定性として考えられ、一つのプラスまたはマイナスが、他のマイナスまたはプラスに対置して考えられる場合に、絶対的自由は、この対立を超出し、また、ありとあらゆる外在性を超出して、端的に一切の強制を不可能ならしめるのであり、そこでは強制が何らの実在性をもたない状態になっている。

（『自然法の学的取扱いについて』 GW4. S. 446f.）

人格の他の人格との共同〔Gemeinschaft 相互作用〕は、本質的に言って、個人の真の自由の制約〔Beschränkung〕とみなさるべきではない。人格の他の人格との共同は自由の拡張とみなさるべきである。最高の共同こそが最高の自由である。

（『差異』 GW4. S. 54）

自由はそれ自身のうちにおいて、まさに自分を意識し、――というのは、自由というものはその概念上、自分についての知であるから――そのことによって自分を現実にもたらすという無限の必然性をうちに含んでいる。自由はそれ自からが自分の実現する当の目的である。それはしかも精神の唯一の目的である。この終局目的こそが、世界史が目指す当のものであり、大地の広大な祭壇の上で、また長期にわたる時間の径行のうちで、一切の犠牲がそれに捧げられた当のものである。この目的こそが唯一、自己を貫徹して自己を完現し、ありとあらゆる事件や状態の変遷のうちにあって独り不動なものであり、万象のうちで真に作働しているものである。この終局目的は、神がこの世界を以って為そうとする当の目的にほかならない。しかるに、神は最も完全なものであるから、自分自身以外、自分自身の意志以外のなにものをも意志することができない。ところで、神の意志の本性、すなわち、そもそも神の本性たるものは、――われわれは宗教的表象を思想のかたちで把えるのであるから――とりもなおさず、それはいまここに自由の理念と称するものにほかならない。かくて、いまや提出さるべき直接的な問題は、自由の理念は自己を実現するのにいかなる手段を用いるのかという件である。

（『歴史哲学』 Suhrkamp. XII. S. 33）

第二節　理性の狡智

人間は何事かに関与すべき場合には、それに没頭し、自分自身の自己感情の満足をそこに見出さざるをえない。〔……〕或る事柄のために活動する者は、単に一般的に従事する〔interessiert überhaupt〕のではなく、むしろそのことに専念する〔interessiert dabei〕のである。interessiert〔従事・関与する、専念・利害関心をもつ〕という言葉は、この区別を正しく表現している。従って、或る事に従事して活動している個々人が同時に自分をも満足せしめるというのでなければ、何事も起こらず、何事も遂行されない。個々人は個別的な人間である。すなわち、彼らは特殊的な、各自固有の欲求、衝動、関心をもっている。ここに謂う欲求には、各自固有の欲求や意志のそれのみでなく、各自固有の洞察、確信、あるいは少なくとも見解、私念といったものの欲求も存するのであって、そこにはすでに、分別、悟性、理性の欲求が萌しているのである。そこで、或る事柄のために活動すべき場合には、人間はその事が自分の気に入るということをも要求するのである。〔……〕

という次第で、自分の活動によって力を添える人々の関心なしにはいまだかつて、そもそも何事も成就しなかった、と言うことができよう。ところで、人々が現に懐いている、ないしは懐きうる他の一切の関心や目的を顧みることなく、或る個人が、彼の身中にある意欲の全脈管をあげて一つの対象に没頭し、彼の欲求と力倆の一切をこの目的に集中しているかぎり、われわれはこのような関心を情熱と呼ぶのであるから、一般に、この世におけるいかなる偉業も情熱なしには成就されなかった、と言わねばならない。ここにおいて、二つの契機がわれわれの対象になる。その一つは理念であり、他の一つは人間の情熱である。前者がわれわれの眼前に拡がっている世界史という大きな敷物の縦糸であり、後者がその横糸である。〔……〕／世界史においては、人間どもがそれを目指しそれを追求したもの、彼らが直接に意識し直接に意欲したものとはおよそ別のものが、ほかならぬ人間の行為を通じて現出する。人間は自分なりの関心を遂行するが、それに伴って、当の関心とはおよそかけはなれたものが実現される。〔……〕／

たとえばカエサルは〔……〕自分の地位、名誉、安全を確保しようという関心で戦ったのであったが、彼の敵手はローマ帝国の諸地方の支配権を握るものであったため、この敵手に対する彼の勝利は、期せずして同時に、全帝国の征服を帰結した。こうして、彼は国家組織の形式を旧のままにしておきながら、国家権力を個人的〔individuell 全一的〕に保持する者となったのである。かくして、カエサルにとって目前の消極的な目的の遂行が獲得したもの、つまり彼の獲得したローマの独裁が、同時にしかし、ローマ史ならびに世界史における即自的に必然的な使命だったのである。というわけで、彼の独裁は単なる彼の個別的な利得ではなく、当の時代に即かつ対自的に存したものを実現したところの、本能〔Instinkt 無意識の衝動〕でもあった。

歴史上の大人物というのは、このように彼自身の個別的な目的が世界精神の意志である実体的なものを含むような人物なのである。彼らは次のかぎりで英雄と呼ぶことができる。すなわち、彼らは彼らの目的や使命を、決して単に平穏な、既定の段取りになっている事の成行き、現体制によって聖別されている事の成行きから汲み取ったのではなく、その内容が秘匿されていてまだ現在する定在になっていないような或る源泉から、それを汲み出したかぎりにおいてである。謂うところの源泉とは、言いかえれば、まだ地下にあって外界に出ようとして地殻を頭でつついているような内なる精神である。〔……〕歴史上の大人物たちは、このゆえに、彼らの目的や使命をあたかも自分自身のうちから汲み出したかのように見えるのであり、彼らの行為が一定の状態や世界的関係をもたらすとき、それらはあたかも彼らの私事であり彼らの業〔Werk 作品〕であるかのように見える次第なのである。〔……〕／

こういう世界史的個人、つまり、世界精神の事業の担い手という使命をもつそういう世界史的個人の運命をつぶさに眺めやると、それは決して幸福なものではない。彼らは平穏な享受の境涯には達せず、彼らの全生涯は悪戦苦闘であり、満身ただ情熱であった。目的を達するがはやいか、彼らは実のなくなった莢のように凋落する。彼らは、あるいはアレクサンダーのように夭折し、あるいはカエサルのように殺害され、あるいはナポレオンのように〔……〕流される。〔……〕／

情熱の特殊的な関心と普遍的なものの確証とは不可分である。けだし、普遍的なものは、特殊的で特定なもの、および、それの否定から帰結する所以である。特殊的なものは互いに抗争し、その一部が没落する。普遍的な理念は対立抗争に捲きこまれて危険にさらされるようなことはない。普遍的理念は侵されたり損なわれたりすることなく背後に控えている。理性が情熱だけを勝手に作動させ、その際、理性がそれによって自己を現存にもたらすところのもの〔つまり理性によって手段として使役されるもの〕が損害を受け危害を蒙るということ、この事態を理性の狡智と呼ぶことができる。〔……〕個別的なものは普遍的なものに対比してあまりにも些末であるのが常であって、諸個人は犠牲に供され放擲される。理念は、生存と無常の貢租を自分では納めずに、諸個人の情熱に支払わせるのである。

（『歴史哲学』 Suhrkamp. XII. S. 37f., S. 42f., S. 45f., S. 46f., S. 49）

狡智、それは個別者どもをなすにまかせる。各人はめいめい自分のことにかまけて――普遍者の手中に流れこんでしまう――精神が自己に復帰する一段と高い反照で。

(『実在哲学Ⅱ』 GW8. S. 264, F. N.)

主観的目的は、客観的なものがそのうちで相互に磨滅しあい止揚しあう諸過程を律する力として、自分自身はそうした過程の外に身を置きながら、しかもそのうちに自己を保持しているものである。これが理性の狡智である。

理性は有力であるとともに狡智にたけている。その狡智がどういう点にあるかといえば、自分は過程に直接には入りこまないで、もろもろの客体をそれら自身の本性に従って相互に作用させ働きつかれさせて、しかもただ自分の目的をのみ実現するという媒介活動にある。この意味で、神の摂理は世界とその過程とに対して絶対的な狡智として振舞っていると言うことができる。神はさまざまの特殊的な情熱や関心をもっている人間どもを好きなようにさせておく。が、そのことから生じてくるものは神の意図の実現であって、それは神が手段として用いている人々が当初にそれを求めて努力していたものとは全く別のものである。

(『エンチクロペディー』〔小論理学〕第二〇九節、全補遺 GW20. S. 213 (Suhrkamp. VIII. S. 365))

道具というものは自分自身で活動性を備えているわけではない。道具は惰性的な物であって、自己自身のうちに還帰しはしない。私が道具を用いて働くより仕方ない。私は、私と外的な物性との間に狡智を挿入して、自分の労を惜しみ、〔……〕道具が消耗する〔自分を使い減らす〕ように仕掛けおえる。私は相変わらずこの推論〔三項関係〕の眼目《ゼーレ》であり、道具への関係において活動性である。その際私は労苦を量的に軽減するにすぎず、やはり手にたこをつくる。依然として、〈私を‐事物に‐すること〉〔das Mich-zum-Dinge-Machen〕が不可欠の契機である。事物のうちにはまだ衝動の固有の活動はない。道具を自己活動的なものにするということは、道具にそれ固有の活動性をもたせることである。それはこういう具合にしておこなわれる。すなわち〔……〕一般論としては、自然の固有の活動性、つまり、発条《ゼンファイ》、水、風といったものの弾力を応用して、これらのもの自身が志向するのと全く別の行動をそれらの感性的定在においてとらせ、それら自身にとっては盲目的な行動にすぎないものを合目的なものたらしめる、という仕方によってである。こうして、利用されるものどもをそれ自身とは反対のものたらしめる。利用されるものどもの外的な定在のうちに、自然の合理的な挙動、法則が現出する。〔……〕ここでは衝動は労働からはすっかり身を退いている。衝動は自然が自分で働くように仕向けて、静観し、ただわずかな労力で全体を統制する。すなわち狡智である。力《ゲヴァルト》の広大な側面が狡智という先端によって処理される。盲目の力を一側面でひっ捕え、その力をその力自身にさし向けてその力を処理し、この力を〔……〕運動としてそれ自身に還帰させ、止揚させるのが、力《マハト》に対する狡智の面目である。人間はかくして個物の運命である。（――狡智は、狡猾とは別事である。〔……〕狡智は、他者をして、それが即かつ対自的にあるがままに存在することを余儀なくさせ、それを意識の光にもたらすことを強いる偉大なおこないである。――GWでは欄外）（『実在哲学II』 GW8. S. 206f., S. 207, F. N.）

目的が直接に或る客体に関係してこれを手段にするということ、ならびに、目的が手段によって他の客体を規定するということは、目的が客体とは全く別の本性をもつものとして現われ、また両客体が相互に自立的な綜体性であるかぎり、暴力とみなすことができる。しかし、目的が自身を客体との間接的な関係のうちにおき、自分と客体との間に他の客体を挿入するということは、理性の狡智とみなすことができる。理性的知性の有限性は、目的が前提に対して、言いかえると客体の外面性に対して関係するという側面をもっている。もし客体に対する直接的な関係にあるとすれば、目的それ自身が機械観または化学観におちいり、即かつ対自的な概念であるという目的の規定が偶然性に委ねられ、没落に甘んじなければならないことになろう。ところが、目的はいまや客体を引き出して手段となし、自分に代ってこの客体に外的に労役をやらせ、使い潰してしまう。しかも自分はその客体の背後に身を置いていて、機械的暴力に侵されることなく、超然と控えているのである。

（『大論理学』GW12. S. 165f.）

第三節　神との宥和

神の本性と人間の本性との即自的に存在する統一が確信されていること、宥和の可能性はひとえにこのことに存する。これが必然的な基礎である。人間は彼にとって神がよそよそしい他者でないかぎりで、自分が神のうちに召し入れられていることを知ることができる。人間は外的な偶有性として神に関わるのではなく、彼の本質からして、つまり彼の自由と主体性からして神のうちに召し入れられているかぎりで、そうできるのである。このことは、しかし、神そのもののうちに人間的本性のこの主体性が存するかぎりでのみはじめて可能になっているのである。〔……〕

神の本性と人間の本性との統一、普遍性における人間は、人間の思想であり、絶対的精神の即かつ対自的に存在する理念である。この理念は、即自的には、他在が自己を止揚する過程のうちにも存在している。

（『宗教哲学』 Suhrkamp. XVII. S. 273）

絶対的宗教の思想、内面、理念は、〈自己〉、現実的なものが思惟であり、本質と存在が同じものであるという思弁的理念である。〔……〕神・彼岸的、絶対的な存在者が人間となり、人間が現実的なものとなる。しかし同様に、この現実性は自己を止揚し、過去のものともなっている。現実性であり、止揚された普遍的現実性でもあるこの神は、国民精神〔Vclksgeist 民族精神〕と同じものであり、ただ共同体《ゲマイネ》の精神の直接性としてあるにすぎない。神が精神であるということがこの宗教の内容であり、この意識、純粋意識の対象である。（絶対的存在者が精神であるかぎりで真なる宗教である。また、秘匿なき啓示宗教である。なぜなら神は〈自己〉であり、神は人間であるのだから。）

（『実在哲学II』GW8. S. 282, F. N.）

精神こそ絶対的な客体であり、真理である。しかも、人間自身精神であるがゆえに、人間は自からこの客体のうちに現在するのであり、この絶対的な対象のうちに本質を、しかも自分の本質を見出したのである。しかし、この本質の対象性を止揚し、精神が自分自身の許にあるためには、精神の自然性――人間は特殊的・経験的な精神としてこれのうちに存する――が否定されねばならない。そのことによって、疎遠な在り方〔das Fremdartige〕が根絶され、精神の宥和が完現する。

神は三位一体者として識られるときはじめて精神として認識される。この新しい原理は世界史の回《めぐ》る枢軸である。歴史はここに終り、またここに始まる。「時満つるに及びて、神その御子を遣わし給えり」と聖書に書いてある。これが意味するのは、自己意識が精神の概念に属する諸契機にまで高まり、これら諸契機を絶対的な仕方で把えようと欲求するに至った、ということにほかならない。今やこの問題について立ち入ってみておこう。

(『歴史哲学』 Suhrkamp. XII. S. 386f.)

第一項　宗教の本質

宗教とは、一般的概念としていえば、絶対知の意識である。〔……〕／われわれは、宗教を、神の自己意識と規定した。自己意識は、意識として対象をもち、かつこの対象のうちで自分自身を意識する。この対象はそれ自身また意識であるが、対象としての意識であり、従って有限な意識である。〔……〕神は自己意識であり、自分とは別の意識、つまり即自的に神の意識であるところの意識のうちで自己を識る。が、また、この意識が神と自分との同一性を識っているので、神は対自的にも同一性である。ただし、この同一性は有限性の否定によって媒介されているような同一性である。――この概念が宗教の内容をなす。神とは、自分を自分自身から区別して、自から対象となりつつも、この区別のうちで端的に自分と同一であるもの――このようなものとしての精神である。

この概念がいまや実現される。意識はこの内容を識り、この内容のうちに自からが捲きこまれているのを識る。神の過程〔Prozeß 審理〕であるこの概念のうちにおいて意識それ自身が契機をなす。有限な精神が神を識るのは、神が有限な意識のうちで自己を識るかぎりにおいてのみである。神は精神、しかも彼の教団の精神である。〔……〕これが完成された宗教、つまり自から客観的になった概念である。

（『宗教哲学』Suhrkamp. XVII. S. 188, S. 187）

宗教というものは、感情と思想が絶対的な本質存在に没頭し、この本質存在の表象を現前化するところに存立する。〔……〕／神は絶対的精神である。すなわち、神は、自分を対象たらしめつつも、この対象においてもっぱら自分自身のみを直観するごとき、換言すれば、自分の他在化のうちで端的に自分自身に復帰しており自分自身と等しいような、そういう純粋な本質存在である。／

神は彼の本質の諸契機に則していえば、第一に、絶対的に神聖である。けだし、彼は端的に自分自身のうちで普遍的な本質存在だからである。第二に、絶対的な威力である。けだし、彼は普遍を現実化し、個別を普遍のうちで保持するのであって、言いかえれば、彼は宇宙の永遠なる創造者だからである。第三に、知恵である。けだし、彼の威力はひたすらに神聖な威力だからである。第四に、善である。けだし、彼は個別をその現実態において或るがままにしておくからである。そして第五に、正義である。けだし、彼は、個別を普遍のもとへと永遠につれもどすからである。／

悪は神からの疎外である。これが生ずるのは、個別が己れの自由に基づいて自分を普遍から分離し、普遍から離脱して絶対的に対自的〔自存的〕であろうと努めるかぎりにおいてである。〔……〕／

しかし、個別的存在者の自由は同時に即自的にこの存在者の自分自身との相等性であり、言いかえれば、個別的存在者の自由は即自的に神的な本性をもつものである。人間の本性が神の本性と真実には疎遠ではないということ、この認識が人間に神の恩寵を確信させ、また、それを把握せしめる。このことによって神と世界との宥和が成就される。換言すれば、世界の神からの疎外が消失する。／

(神への奉仕〔Gottesdienst 勤行、神事〕は、それによって、個々人が自分と神との一体性を実現すべく、そして、この一体性の意識と確証を得ようとして努めるところの、神に没入する一定の仕方、思想と感情を以ってする没入である。個々人は彼の意志と神の意志とのこの合致を彼の現実の生活の心情と行為の在り方を通じて証明しなければならない。――GWでは二次文献扱い)

（『哲学予備門』〔下級課題のための法論、義務論、宗教論〕第七五－八〇節　GW10, 1. S. 419f.）

この〔人間と神との〕即自的に存在する統一は、当初は思惟する思弁的な意識にとってしか存在しない。しかし、それは表象する感性的な意識に対しても存在するようにならざるをえない。〔……〕当の統一が現象しなければならない。しかも、それは精神の感性的形姿、つまり人間の形姿で現われなければならない。かくて、キリストが現われ給うたのである。彼は、神であるところの人間であり、かつ、人間であるところの神である。キリストの来臨によって、世界に平和と宥和が訪れることになった。

ここでギリシアの擬人観が想起されるかもしれないが、それが不十分であることはすでに述べておいた。けだし、ギリシアの自然的な陽気さは自我そのものの主体的な自由には程遠かったし、こういう内面性には達せず、まだ一人のこの者としての精神という規定にまでは至らなかったからである。

あまつさえ、キリスト教の神の出現には、その現われ方が唯一無二であるという特性がみられる。それはただ一回しか起こりえない。というのは、神は主体であり、現象する主体性として唯一不二の個体だからである。東洋《オリエント》においては神は単に実体としてしか識られていないので、しかもこの実体にとっては多種多様に岐れた無限の形態は外面的なものにすぎないと考えられているので、ラマは次々と新たに選出される。しかるに、自分自身に対する無限な関係としての主体性は自分自身に即した形態をもっており、現象するそれにしても、他の一切を排するただ一つの形態をとる。

しかしながら、精神が身をやつす感性的定在は、無常不住の契機たるにすぎない。キリストは死んだ。死んではじめて彼は天に昇り、神の右側に座り、そうすることによってのみ彼は精神なのである。

（『歴史哲学』Suhrkamp. XII. S. 392ff.）

キリストの受難と死こそ、キリストの人間としての関係を止揚したものであった。まさしくこの死において、宗教的なものへの移行がおこなわれる。〔……〕／キリストの歴史は、精神〔Geist 精霊〕が既に来降し終えていることとの歴史としても物語られる。奇蹟はこのような精神において受け取られ物語られたのであって、キリストの死はこの精神からして、誠に次のように理解されたのであった。すなわち、キリストにおいて、神が啓示され、神の本性と人間の本性との統一性〔Einheit 単一性〕が開示されたのである、と。死は、謂うなれば信仰を証《あかし》する試金石である。〔……〕死は、さしあたってはまず、キリストが神人であったということ、同時に人間的本性を具えていた神が実に死に至ったということ、このような意味をもつ。死ぬということは人間的有限性の宿命である。死は、それゆえ、人間性の、絶対的な有限性の最高の験《しるし》である。しかも、キリストは犯罪者としての〔……〕恥辱と汚辱にまみれた十字架上の死を遂げたのである。〔……〕／神は逝きぬ、神は死せり。――これらは、永遠なるもの、真なるものは何一つ存在せず、神の内にすら否定が存在するという極めて怖るべき思想である。最高度の苦悩、全く救いなしという感情、高しと思うものの一切の放棄が、此の思想と結びついている。――だが、事の次第は此処にとどまるものではない。今や逆転が生ずる。神はこの過程のうちにあって己れを保持するのであり、この過程たるや死の死たるにすぎない。神は再起して生となり給う。〔……〕／

これぞキリストの復活と昇天である。〔……〕否定的なものの超克は、しかし、人間的本性の脱落ではなくして、むしろ、死と最高の愛とにおける、人間的本性の最高の保存そのものである。精神は、かかる否定的なものの否定的なものとしてのみ、ゆえに、否定的なものを内に含むものとしてのみ、精神なのである。〔……〕／

キリストの死は、かかる死そのものの死、否定の否定である。〔……〕この死は最高度の有限化であると同時に、自然的有限性の止揚、直接的な定在と外化の止揚でもあり、制約の解消でもある。

（『宗教哲学』 Suhrkamp. XVII. S. 287f., S. 289, S. 291, S. 291, F. N., S. 292f.）

キリストの神性の認証は自分自身の精神の証であって奇蹟ではない。精神のみが精神を認識するものだからである。奇蹟は認識への道程ではありうる。奇蹟とは事物の自然的経過が中断されることを意味する。がしかし、何を以って自然的経過と呼ぶかは全く相対的なことであって、たとえば磁石の作用を奇蹟に算入することもできよう。神が御子を遣わしたという奇蹟を持ち出してもそれだけでは何の証明にもならない。現に、ソクラテスもやはり、通常の表象的経過に対置して、精神の新しい自己意識を開示したではないか。問題の眼目は、御子を遣わされたということではなく、この派遣に含まれている啓示であり、またその内容である。

(『歴史哲学』 Suhrkamp. XII. S. 394)

ユダヤ人やトルコ人は〔……〕彼らの神は悟性的抽象ですらないので、キリスト教徒のように神を芸術によって積極的な仕方で叙示することができなかった。というのも、キリスト教においては、神はその真実態において、それゆえ自分自身のうちで全く具体的なものとして、つまり人格、主体として表象され、より詳しく規定していえば、精神として表象されているので〔芸術によって積極的な仕方で叙示できるのである〕。精神としての神の何たるかは、宗教的な把捉に対しては、同時にそれ自身一体であるごとき諸人格〔位格〕の三位性というかたちで顕現する。ここにあっては、本質性、普遍性、特殊性、ならびにこれら三者の宥和された統一性が存するのであって、かかる統一性にしてはじめて具体者なのである。

（『美学』 Suhrkamp. XIII. S. 101）

真実の宗教、すなわち絶対的精神を内容とする宗教の概念のうちには、宗教は啓示されたものであること、しかも神によって啓示されたものであるということが本質的に含まれている。〔……〕絶対的宗教においては、絶対精神はもはや自分の抽象的なモメンテを顕示するのではなく、自分自身そのものを顕示する。

（『エンチクロペディー』〔精神哲学〕第五六四節 GW20. S. 549）

かくして、キリスト教によって神の絶対的理念がその真実態において意識にのぼったのであるが、ここでは人間もその真の本性に則って――人間の本性が神の子という特定の直観のかたちで与えられるのだが――自分自身が召し入れられているのを見出す。人間は、それ自身としてみれば有限者であるが、同時にまた神の似姿であり、無限性の源泉を自分自身のうちにもっている。人間は自己目的であり、無限な価値と永遠性への使命を自分自身のうちにもっている。従って、人間は彼の故郷を超感性的な世界、無限な内面性のうちにもつが、自然的な定在や自然的な意欲と訣別し、自然的な定在や意欲を自分のうちで破棄しようとする労苦を通ずることによってはじめて、人間は当の内面性を獲得する。これがすなわち宗教的自己意識〔自覚〕で

ある。〔……〕／

キリストの教えは、一切の義務も人倫のきずなも、それに比べればどうでもよいというほどに高くそびえ立っている。父を埋葬したがった青年に向って、キリストが言うには「死者をして死者を葬らしめよ、われに従え」。〔……〕また次のようにも言われている。「われ地上に平和をもたらさんがために来れりと思うべからず。われ、平和に非ずして却って剣を送らんがために来れり。わが来れるは、人をその父に、娘をその母に、嫁をその姑に逆らわしめんがためなり」と。ここでは現実界に属する一切のことがら、道徳的なきずなですら棄てられる。福音書におけるほど革命的な言が語られているものはどこにもない、と言ってよい。〔……〕／

キリスト教の原理の本質については上述しておいたが、それは媒介の原理である。人間は彼の自然性を超克したときにはじめて精神的存在者として現に転成する。この超克は、人間の本性と神の本性とが即かつ対自的に一つであるということ、そして、人間が精神である以上、神の概念に属する本質性と実体性をもっているということ、この前提があるかぎりでのみ可能である。かの媒介はまさしくこの統一性の意識によって条件づけられているのであり、この統一性の直観がキリストというかたちで人間に与えられたのであった。

（『歴史哲学』 Suhrkamp. XII. S. 403, S. 396, S. 453）

絶対的存在者がそのような姿をとって啓示されるこの個別的人間は、個別者としての自分に即して感性的存在の運動を遂行する。彼は、直接的に現在する神である。現在するが故に、彼の存在は過去〔Gewesensein 在りにしこと〕に移行する。彼のかかる感性的現在を知った意識は、彼を見聞きすることをやめる。この意識は、彼を見たのであり、彼の言葉を聞いたのであって、彼を見、彼の言葉を聞いたということによってはじめて、それ自身が精神的〔精霊的〕な意識となる。〔……〕彼は今や精神のうちに立ち現われている。〔……〕この精神は教団の普遍的自己意識として存続する。この自己意識はそれ固有の実体のうちに安らい、この実体の側もまた当の自己意識のうちにあって普遍的な主体をなす。（『精神現象学』 GW9. S. 407f.）

第二項 教団と世界

キリスト教というものはキリスト自身の言説だけに溯源さるべきものではない。使徒たちにおいてはじめて措定され展開された真理が姿を現わす。この内容はキリスト教団において展開されたのであった。〔……〕

教義《ドグマ》が確立されたのは教父たちと宗教会議によってであったが、教義の確立にとって主たる契機をなしたものはそれに先行した哲学の形成発展であった。当時の哲学が宗教といかなる関係をもったかについて稍々立ち入っておこう。

ローマの内面性や主体性は、没精神的な人格性として、無情な自我というかたちで抽象的に現われているにすぎなかったが、これがストア主義や懐疑主義の哲学によって普遍性の形式にまで純化されるに及んでいた。これによって思想の地盤が獲得され、神が無限なる一者として、思想において識られることになった。普遍者はここでは重要ならざる述語としてしか認められず、述語なるがゆえにそれは主語そのものではなく、主語としては具体的な特殊的内容が必要とされた。しかるに、一者にしてかつ普遍者などというものは〔……〕そもそも東方世界的〔morgenländisch〕なものである。けだし、一切の制限を乗り超えて拡がる無際限な直観像は東方世界に固有のものだからである。こういう東洋《オリエント》の一者が思想そのものの地盤で表象されると、イスラエル民族の不可視で非感性的な神となる。この神は、しかし、同時に主体〔主観、主語〕として表象された。以後、この原理が世界史的な原理となった。

東方世界と西方世界との結合が、ローマにおいて、まずは征服という外面的な仕方でおこなわれた。ところで、いまや東方世界の精神が西方世界に拡まることによって、両世界の結合が内面的にもおこなわれることになった。

イシースとミトラの崇拝がローマ世界全体に拡がった。外面的なもののうちへ、そして、有限な目的のうちへと没却されていた精神が、無限者を渇仰するようになった。西方世界が希求したのは、しかし、より深い、純粋に内面的な普遍性であり、規定性を自分のうちにもっているような無限者であった。時の課題が思想に対して呈示されたのは、またもやエジプトにおいてであった。それは、しかも、東洋と西洋との交通の中心地たるアレクサンドリアにおいてであった。課題への回答、それはいまや精神であった。ここにおいて、両原理が学問的に邂逅し、学問的に広布された。特に注目すべきことは、この地においてフィロンのごとき学識あるユダヤ人が、プラトンやアリストテレスによって涵養されていた具体的なものの抽象的な諸形式を、彼らユダヤ人の無限者の表象と結合したこと、そして、精神というものについてのより具体的な概念に則って、ロゴスという規定で神を認識したという点である。こうしてアレクサンドリアの深遠な思想家たちは、プラトン哲学とアリストテレス哲学との統一を把握したのであり、キリスト教の根本内容でもあるような抽象的な諸理念に、彼らの思弁的な思想が到達した。われわれが先に真の理念と見なしたあの理念が異教徒たちの宗教に対して要求されるような方向、こういう方向を哲学はすでに異教徒たちのあいだで採っていたのである。〔……〕

近時の釈義学者たちは一切を聖書に基づいて立てるが、果たしてキリスト教の教理がそっくりそのように聖書に書かれているかどうか、これに汲々とするのは論外である。「文字は殺し、精神は生かしめる」と彼ら自身言っておりながら、悟性を精神ととりちがえることによって、彼らは事を歪めている。キリスト教の教理を認識し確立したのは教会であり、教団の精神である。

（『歴史哲学』 Suhrkamp. XII. S. 397ff.）

宗教は、〔……〕主観から発して、主観のうちにあるものとして考察さるべきであるとともに、同様にまた、教団の精神としてあるところの絶対的精神から発するものとして、客観的にも考察さるべきである。

（『エンチクロペディー』〔精神哲学〕第五五四節 GW20. S. 542）

昔から、理性と宗教、宗教と世界との対立ということが云々される。しかし、よくみてみると、謂うところの対立は実は区別にすぎない。理性というものは総じて精神の本質である。つまり、神の精神であれ人間の精神であれ、精神の本質をなすものが理性である。宗教と世界との区別は単に次のごとき区別たるにすぎない。すなわち、宗教そのものは情意と心胸のうちにおける理性であるということ、宗教は神のうちに表象された真理と自由の殿堂であるということ、しかるに国家は、当の理性からみるとき現実界の知識と欲求のうちにある人間的自由の殿堂であるということ、この区別である。人間的自由の内容はそれ自身神的なそれであると称することができる。それゆえ、国家における自由は宗教によって保障され確証される。それというのも、国家における人倫的な法は宗教の根本原理をなすところのものの施行にすぎないからである。歴史が事とするのはひとえに、宗教を人間的理性として現わしめ、人間の心胸に宿る宗教的原理を世俗的な自由としても顕揚することである。こうして、心胸の内面と定在との分裂が止揚される。もっとも、これを実現する者として別の民族というよりも別の諸民族が召命されたのであった。それがすなわちゲルマン諸民族である。古代ローマそのものの内部では、キリスト教は現実的な地盤を見出すことができず、それをもとにして王国を築くことはできなかった。〔……〕／

ゲルマンの精神は新世界の精神である。この新世界の目的は、自由の無限な自己規定たる絶対的真理を実現することにある。この自由たるや、それの絶対的な形式そのものを内容とするような自由である。キリスト教の原理の担い手を演ずること、これがゲルマン諸民族の使命である。精神的自由の原則、宥和の原理が、これら諸民族のまだとらわれのない素朴な心性に委ねられることになった。そして、世界精神に奉仕するにあたり、真実の自由の概念を宗教的実体としてもつのみでなく、俗界のうちにおいて主観的な自己意識から自由に産出すること、これがゲルマン民族に課せられた次第である。〔……〕／

ゲルマン世界は三つの時期に分けて記述することができる。第一期は、ゲルマン民族のローマ帝国内での登場から〔……〕カール大帝まで。第二期は、教会による神政政治と封建国家との対立〔……〕の時代。第三期は一六世紀中葉のカール五世以後〔……〕である。

このゲルマン世界の第三期は、宗教改革から始まってわれわれの時代にまで及んでいる。ここでは自由な精神の原理が世界の軍旗となり、この原理から理性の普遍的な諸原則が展開する。形式的な思惟、悟性はすでに形成をとげていたが、思惟が己れの真の内実を獲得したのは、しかし、宗教改革を俟ってであり、自由な精神の再生した具体的な意識を俟ってであった。ここにはじめて思想が自己形成の緒につき、国家体制の再構築にとって指針たるべき諸原則が思想に基づいて確立された。国家生活は、いまや意識的に、理性に従って整備さるべきことになる。習俗、伝習はもはや通用せず、さまざまな法は理性的原則に基づくものであることを自証してはじめて法として認められる。かくして、精神の自由がここにはじめて実在性をもつに至る。

われわれは、これら三つの時期を、父の国、子の国、精霊の国として区分することができる。父の国は、実体的な未分化の塊団であって、わが子を喰い殺すサトゥルヌスの支配のように、単なる変化の相にある。子の国は世俗的な現存との関連にかぎられた相での神の現出であり、この際世俗的な現存はよそよそしい他者の観を呈する。精霊の国、これが宥和である。

〔……〕／

利己的で自分の個別性に執着する心性の頑迷——ゲルマン的心性のこの節くれだった樫のような固陋——が中世期の怖しい訓育によって粉砕された。この訓育の鉄の鞭となった二本のもの、その一つが教会であり、他の一つが農奴制である。教会は心性を外に叩き出し、精神を苛酷な隷従制によって彼方へ導いたので、魂はもはや自分の魂ではなくなってしまった。とはいえ、教会は精神をインド的な麻痺状態にまでおとしいれたわけではない。キリスト教というものはそれ自身、精神的な原理であり、精神的な原理である以上、無限の可塑性をもつものだからである。同様にまた、農奴制のほうも――これは人間が身体を自分のものとしてもつのでなく、身体を他人のものにされてしまう制度であって――人間性を隷従と放恣な情欲のありとあらゆる粗暴な手段で引きずりまわし、人間性を滅裂にしてしまった。

人間性は隷従か
ら解放されたというよりも、実はむしろ隷従を通じて解放されたのである。というのは、粗暴、情欲、不正は悪であって、こういう悪に囚われている人間は人倫性も宗教性ももつことができず、この暴虐な意欲こそ、訓育が人間をそれから解放した当のものだからである。

教会は粗暴な感性の野蛮さと戦うにあたり、同じく野蛮な、戦慄すべき方式をとった。

〔……〕

われわれは、一面ではこれを認めるに吝かでないが、しかし、他面ではやはり、次のように言わざるをえない。すなわち、基盤に変化が生じ、宥和が現実にもたらされた暁には、戦いの形式がおよそ別様になるはずだということである。宥和が実現された暁には、苦悩の途は撤去される（依然として苦悩は生ずるであろうが、それは全く別の形をとる）。けだし、意識が覚醒するにつれて、人間は自分が或る人倫的な状態というエレメントのうちに居ることを見出すはずだからである。もちろん、人間においては否定という契機が必然的な一契機をなしてはいる。がしかし、それはいまや教育という静穏なかたちをとり、内面的闘争の怖しさはことごとく消滅する。

こうして、人間性〔Menschheit 人類〕は、精神そのもののうちで精神が現に宥和されているという感情をもつようになり、現実のうちで、つまり世俗のうちで、良心の満足を獲得するに至った。人間の精神が自分の足で立つようになった。このようにして懐かれるに至った人間の自己感情にあっては、神的なものに対する叛意はみられず、そこには、神的なものを自分のうちに感得するより善き主観性が顕われる。この主観性たるや、至誠に充たされ、その活動は合理性と美との普遍的目的に捧げられる。

（『歴史哲学』 Suhrkamp. XII. S. 405f., S. 413, S. 415ff., S. 486ff.）

第三項　精神の完現

精神とは何か？　精神とは一者であり、自分自身に等しい無限者であり、純粋な同一性である。この同一性は、次で、自分を自分から分離し、自分自身の他者となり、普遍者に対立する対自有にして且つ内自有〔das Fürsich- und Insichsein〕として在る。この分離は、しかし、単純な自己関係であるところの原子的な主観性がそれ自身普遍者であり、自分自身との同一者であることによって止揚されている。という次第で、この精神は自己の絶対的な区別を通じて自分自身のうちへと回帰する絶対的な反照であるということ、それは感受〔Empfindung 感覚、感情〕としての愛であり、精神としての知であると称すれば、われわれは当の精神を三位一体なる精神として把える所以となる。〔……〕ところで、この真理のうちには、この真理そのものに対する人間の関わりが措定されていることに注意しなければならない。というのは、精神は自分を自分の他者として措定して自分に対立させ、そしてこの区別態から自分自身のうちに復帰するものだからである。謂うところの他者は、純粋理念において把えると神の子であるが、この他者をその特殊化の相でみると世界、つまり自然ならびに有限的精神である。有限的精神は、それゆえ、それ自身、神の一契機として措定されている。という次第で、人間というものはそれ自身、神の概念のうちに包含されているのであって、この包含されているという事態の表現として、キリスト教においては人間と神との統一が措定されている、という言い方をすることもできよう。もっとも、この統一ということを皮相に受け取って、あたかも神というものは人間にすぎず、人間がとりもなおさず神であるという具合に考えてはならない。人間が神であるのは、人間が己れの精神の自然性と有限性を止揚して自己を神にまで高めるかぎりにおいてのみである。すなわち、人間が真理に与かるものであり、彼自身が神的な理念の契機であることを知っているかぎり、そのような人間にとっては彼の自然性の止揚が同時に措定されている。というのは自然的なものは、自由ならざるもの、精神ならざるものだからである。こういう神の理念のうちに、人間の苦悩と不幸の宥和も含まれている。不幸というものは、いまや、人間と神との統一を媒介するために是非とも必要なものであることが知られている所以である。

（『歴史哲学』 Suhrkamp. XII. S. 391f.）

不幸な、自己内で分裂している意識が真に自分自身に還帰すること、つまりこの意識の自分との宥和は、生動的なものとなって現存のうちに現われ出るに至った精神の概念を表わすであろう。〔……〕生の意識、すなわち、生の定在と行為の意識は、この定在ならびに行為に関する苦悩にすぎない。というのは、この意識はこの定在と行為のうちに自分とは反対のものを本質だとみなし、自分自身は無きにひとしいとみなしているような意識にすぎないからである。そこで意識は、これを脱して不変不易なものへの昇高に移行する。がこの昇高はそれ自身この意識であり、それゆえ、昇高は直接的に反対のものの意識、つまり、個別性としての自分自身についての意識である。意識のうちに現われる不変不易なものは、それが意識のうちに現われるというまさにそのことによって、同時に個別性に纏われており、個別性に伴われてしか現前しない。個別性は、不変不易なものの意識のなかで抹消されたのではなく、この意識のなかで絶えず擡頭する。

しかしながら、意識はこの運動において、まさしくこの顕現、つまり不変不易なるものに密着した個別性の、および、個別性に密着した不変不易なるもののこういう顕現を経験する。意識にとって、不変不易なものと密着した個別性一般が、そしてまた、それに密着した自分の個別性が自覚される。というのも、この二重化された意識が一つであること、これが当の運動の真理だからである。この統一は、しかし、当の意識にとってさしあたっては、両項の差別性がまだそこでの主調をなすような統一である。そのため、個別性が不変不易なものとどのように結びついているかに応じて、意識にとって三通りの仕方が現前する。第一には、意識が自分自身、不変不易な本質存在に対置されたものとして再び顕出し、戦いの端初に投げ返される。この際には、戦いが関係全般のエレメントでありつづける。第二には、逆に、不変不易なもの自身がそれ自身において意識に対して個別性を呈する。その結果、個別性が不変不易なものの姿態〔受肉〕となり、従って実存の様式がそっくりそのまま不変不易なものに移行する。第三には、意識が自分自身を不変不易なものに移行したこの個別者として見出す。――〔以上において〕第一の不変不易なものは意識にとって疎遠な、個別性を裁く本質存在にすぎない。ところで、第二のそれが意識自身と同様な個別性の姿態をもつことによって、意識は第三には精霊

〔精神〕となる。そして、意識は自分自身が精霊というかたちで在るという喜悦を得、自分の個別性が普遍者と宥和されているということを意識するようになる。〔……〕／

意識は、第一に自分自身の決意を放棄するという契機によって、第二に、わが物と享受を放棄するという契機によって、そして最後には理解せざる業《わざ》を営むという積極的な契機によって、内面的ならびに外面的な自由の意識を、つまり、自分の自立的存在〔Fürsichsein〕としての現実性の意識を、真にかつ完全に払拭する。意識は、真に自分の「私」を外化〔sich entäußern 放棄、献奉〕し、自分の直接的な自己意識を事物に、つまり対象的な存在に化したという確信をいだく。意識は、この現実的献身によってのみ自己放棄を確証することができる。〔……〕

しかるに、現実的に完遂された献身においては、意識が自分のものとしての行為を放棄したのと同様に、意識の不幸もまた即自的には意識から離れ去っている。〔……〕意識の不幸は即自的にのみその反対、つまりそれをおこなうことが自己満足をもたらすような行為ないし至福の享受であり、意識の貧しき行為もこれまた即自的にはその反対、つまり絶対的な行為である。〔……〕とはいえ、意識自身にとっては行為、しかも自分の現実的行為は依然として貧しきものにすぎず、享受は苦悩であり、行為と苦悩が止揚されているといっても、積極的な意味では、それは彼岸たるにとどまっている。しかしながら、この対象においては意識の行為と存在は、この個別的な意識のそれでありながら、当の意識にとって即自的に〔そのもの自体としての〕

存在と行為である。かくて、当の対象においては、意識にとって理性の表象が、すなわち、意識はその個別性において絶対的に即自であるということ、換言すれば一切の実在であるということ、こういう意識の確信が生じている。

（『精神現象学』 GW9. S. 122f., S. 130f.）

＊

人間の本質は精神であるという永遠の真理、人間は彼の有限性を外化〔放棄〕して純粋な自己意識に没入することによってのみ真実態に達するという永遠の真理の概念が、キリストにおいて認識された。〔……〕キリストは、神と人間との統一を体現する人間、そのような人間として、彼の死において、生涯の歴史全体を通じて、精神の永遠の歴史を自から開示してみせたのであった。この歴史たるや、人間が精神たり、神の子たり、神国の市民たるためには、各人が自分自身において成就すべきものである。

（『歴史哲学』 Suhrkamp. XII. S. 397）

宗教それ自体において心胸は有和される。〔……〕純粋な心胸が神の現在性のこの享受を己れのうちで達成する。〔……〕とはいえ、この有和は抽象的である。〔……〕それゆえ、この有和が現実そのもののうちで進行することが要件になる。

有和の第一の形態は直接的な有和であり、まさにそのゆえに、これはまだ有和の真の在り方

ではない。この宥和は、さしあたり、教団こそが宥和されたものであるというかたちをとって現われる。〔……〕

宥和の第二の形態は、世俗性と宗教性とが互いに外在的なままにとどまりつつも、相互関連に入らねばならない、という在り方である。それゆえ、両者の立つ関連は外面的なものでしかありえず、一方が他方を支配するというかたちのものであり、両者間の宥和は存在しない。宗教的なものが支配的たるべきだとされ、宥和されたもの、つまり、教会こそが世俗的なものを支配すべきだとされる。〔……〕しかるに、支配するものはこの世俗を自分自身のうちに取り入れることになる。一切の傾向性、一切の情熱、精神なき世俗の一切が、当の支配そのものを通じて教会に顕われる。けだし、世俗的なものはそれ自身においては宥和されていないからである。そこで、精神なきものによる支配が打ち立てられることになった。そこでは外面的なものが原理をなし、そこでは人間は彼の関係行為において同時に自分の外に出てしまっている。それは不自由の関係そのものである。〔……〕世俗とのこの宥和は、まさに反対物になっており〔……〕精神的なものそれ自身の内部における絶対的な矛盾である。〔……〕

第三の規定は、この矛盾が人倫性へと解消すること、自由の原理の世俗への貫通である。世俗がこのようにして陶冶〔教養化〕され〔……〕永遠の真理そのものに適うようになるとき、それは具体的に成った自由、理性的意志である。神的なものが現実に突き入り、神的なものが現実に浸透し、世俗的なものがいまや即かつ対自的に権利づけを得るのは、国家組織においてである。というのは、国家組織の基盤をなすものは神の意志であり、正義と自由の法律だからである。神的なものが現実の領野で実現される所以の真の宥和が存するのは、人倫的にしてかつ法的な国家生活においてである。

（『宗教哲学』Suhrkamp. XVII. S. 330ff.）

神の国には二種があって、その一つは心性と認識のうちにある叡知的な神の国であり、他の一つが人倫的な神の国である。後者においては世俗的な現存が素材と地盤をなす。ところで、神の国と人倫的世界とを一つの理念として把え得るものこそ、そしてまた、時間〔時代〕が志向してきたのはほかならぬこの統一を実現することであったということを認識するもの、それが学問〔哲学〕である。

（『歴史哲学』Suhrkamp. XII. S. 457）

学知は、己れを知るのみでなく、自分自身の否定者、つまり、自分の限界をも知っている。自己の限界を知るとは、すなわち、自己を献身する〔犠牲として捧げる〕すべを心得ていることにほかならない。ここに謂う献身とは、精神が精神になる自己の生成〔Werden〕を自由な、偶然的な生起というかたちで呈示し、自分の純粋な〈自己〉を自分の外なる時間として、同様にまた自分の存在を空間として直観的たらしめるところの、あの外化のことである。精神のこの最後の生成、自然は、精神の生動的で直接的な生成であり、外化せる精神たる自然は、その定在においては、それの存立のこの永遠なる外化にほかならず、また、主体を回復する運動にほかならない。

精神の生成のもう一つの側面、すなわち歴史は、それと識りつつ〔知の主体として〕自己を媒介する生成であって、時間に即して外化せる精神である。しかるに、この外化は、同時に外化そのものの外化でもある。この生成は、惰性的な運動、もろもろの精神の継起を呈示する。〔……〕精神の完現は精神がそれであるところのもの、すなわち精神の実体を完全に知るところに存するのであるから、この知は精神が自分自身の内に赴くことであり、精神はこの過程のうちに自己の定在を遺棄し、自己の形姿を記憶〔Erinnerung 内化〕に委ねる。〔……〕こうして精神は自己自身の内へ赴くことによって、自分の自己意識の夜に沈みこむ。精神の消え去った定在はしかしこの夜の内に保存されている。止揚されたこの定在は――過去の定在ではあるが、しかし知の胎内から新たに再生し――新しき定在、新しき世界、新しき精神形態となる。〔……〕ところが、この内-化〔Er-Innerung 記憶〕は以前のもろもろの精神的形姿を保存しており、内的なもの、実は実体の高次の形態である。それゆえ、この精神が自己形成を〔……〕またもや原初から始めるようにみえようとも、精神が始めるのは高次の階梯においてなのである。こういう仕方で定在のうちに形成されていく精神の王国は継起のかたちをとる。この継起は、或るものが他のものに次々にとって代わるが、それらの各々が先行者の世界の富を引き取るというかたちになっている。この継起のめざす目標は深奥の啓示であり、深奥とは絶対的概念にほかならない。この啓示は、それゆえ、精神の深奥〔die Tiefe 縦深〕の止揚、すなわち精神の延長〔die Ausdehnung 拡張〕であり、この内自的に存在する〔insichseiend 自分の内に存在する〕自我の否定性〔……〕である。——そして、精神の時間とは、この外化が外化そのものにおいて自からを外化〔放棄〕し、かくして外化がその延長においても縦深においても〈自己〉にとってあることである。目標、つまり絶対知、さらに言いかえれば、自からを精神として知っている精神は、それの途上にもろもろの精神の記憶をもつ。〔……〕この記憶の保持は、偶然性という形で現われるそれの自由な定在という側面からみれば歴史であり、概念的に把握されたそれの組織という側面からみれば現象する知の学である。両者を合一したもの、つまり、概念的に把握された歴史は、絶対的精神の記憶ならびにゴルゴダをなし、精神〔聖霊〕の玉座の現実性・真理性・確実性をなす。この玉座がなければ、絶対的精神は生命なき孤独であろう。唯——精神の王国というこの聖杯から、その無限性が泡立つ。

（『精神現象学』 GW9. S. 433f.）

哲学が教え導くべき洞察は〔……〕現実の世界はそれがあるべき通りに存在しているという

こと、真実の善、普遍的な神的理性は自分自身を実現する力でもあるということである。そして、この善、この理性を最も具体的に表象したものが神なのである。神が世界を統治し給うのであって、神の統治の内容、神の計画の遂行、それが世界史である。哲学はこの計画を摑もうとする。けだし、この計画に基づいて施行されたものが現実性をもつのであり、この計画に適合しないものはかりそめの現存しかもたないからである。この神の理念、それは決して単なる理想ではないのであって、この理念の光を前にしては、世界があたかも狂気の沙汰の蒙昧事であるかのような仮象は消え失せる。哲学は、この神の理念の内容と現実性を認識し、貶しめられた現実を弁証しようと志す。けだし、理性〔Vernunft〕とは神の御業の理解〔Vernehmen〕にほかならない所以である。

（『歴史哲学』 Suhrkamp. XII. S. 53）

世界史とは、〔……〕精神の発展行程であり、精神の現実的生成であるということ、これこそ真の弁神論〔Theodizee 神義論〕であり、歴史における神の弁証である。過去に起こった事、そして日々に起こる事象のすべてが、神なしにはありえないどころか、本質的に神御自身の御業であるということ、この洞察のみが、はじめて能く精神を世界史ならびに現実界と宥和せしめるのである。

（『歴史哲学』 Suhrkamp. XII. S. 540）

文献案内

全集

アカデミー版ヘーゲル全集

Gesammelte Werke, In Verbindung mit der Deutschen Forschungsgemeinschaft. Hrsg.von der Nordrhein-Westfälischen Akademie der Wissenschaften. Hamburg (Felix Meiner), 1968ff.

アカデミー版全集は、旧プロシア国立図書館所蔵の草稿や、新しく発見された草稿なども収集し、執筆時期の確定、厳密な校訂にもとづいて全面的に信頼できる「歴史的・批判的な」全集の刊行をめざしている。ヘーゲル・アルヒーフ（一九五八年設立）によって、第一部「著作集」は一九六八年から刊行が始まり、二〇一四年に完結した（全二二巻）。ヘーゲル哲学の形成過程を見る上で、青年期、イエナ期の資料が出揃った意義も大きい。巻末の注もきわめて行き届いている。ただし、自筆草稿の厳密な校訂は、未完成の文章、大小文字の混用、句読点の濫用などもそのまま活字化しているために、ラッソン版などとの照合を要する場合もある。第二部「講義録」は、講義科目別に、そしてその同じ講義の講義年度別（分冊）に二〇〇八年から刊行が始まっている。これは資料の発見に伴う文献学的研究の進展を示すものではあるが、同じ講義について複数の講義筆記録があるときにどれに信頼をおくか、また受講生による筆記の信頼性はどうか、そもそも講義の実像はどうかという問題を浮上させている。またさらに第三部「書簡集」の編集も予定されている。なお、これらの刊行が進むなかで、既刊書にもれた新しく発見された書簡、ノート類は、機関誌『ヘーゲル研究』Hegel-Studien に逐次発表されてきた。

主要著作

『精神現象学』

（初版のタイトル）System der Wissenschaft von Ge. Wilh. Fr. Hegel / D. u. Professor der Philosophie zu Jena, der Herzogl. Mineralog Sozietät daselbst Asseor und andrer gelehrten Gesellschaften Mitglied / Ersten Theil, die Phänomenologie des Geistes. Bamberg und Würzburg, 1807.

全訳すると「学の体系、G・W・F・ヘーゲル――イエナにおける哲学博士ならびに教授、当地王立鉱物学会陪席者およびその他の学会員――著、第一部、精神の現象学、バンベルクおよびヴュルツブルク、一八〇七年」となる。本書の性格は、ヘーゲル自筆の出版紹介文に分かりやすく書かれている。まず「体系第一部」と題されたのは「第二巻は思弁哲学としての論理学体系および哲学の他の部門、自然の学と精神の学を含む」（GW9. S. 477）と予定していたからである。しかしこの「第一部」という性格づけは一八一二年『大論理学』序文で撤回される。その他「第一部、意識の経験の学」、「I、精神の現象学の学」Wissenschaft der Phänomenologie des Geistes というタイトルもあって、いわゆる「タイトル問題」を投げかけている。本書は「知の基礎づけに関する心理学的説明もしくは抽象的説明にとって代わるべきもの」と意図され、その叙述の仕方として、「精神の諸形態を、道程の駅として含む」という形式をとっている。すなわち、もっとも直接的な「これ」とか「いま」とか「ここ」としてものを把える段階から「絶対知」の段階までが、順次前段階を内在的に克服していく形で展開される。しかも、そこにはソフォクレスの『アンチゴネー』、ゲーテの『ファウスト』第一部、ディドロの『ラモーの甥』なども題材に採り入れられ、魅力に富んだ異色の哲学書となっている。文芸批評家J・パウルも「ヘーゲルが君〔ヤコビ〕を批判して混乱した文体や思索を示した後で、最近の哲学体系では、明快・文体・自在・力動を見せたのでぼくはとても驚いている」と述べている。

『大論理学』

Wissenschaft der Logik.

直訳すれば「論理学の学」である。『大論理学』と称されるのは『エンチクロペディー』第一部を『小論理学』と呼ぶことに応じている。根本思想は両者に共通であり、叙述の細部でも共通点が多い。ふつうの論理学が「形式論理学」とも言われるように「人ハ全テ死ス、そくらてすハ人ナリ、故ニそくらてすハ死ス」といった推論形式（内容に関係のない形式）の吟味と定式化を行う学問であるのに対して、ヘーゲルの『論理学』は根本的にちがった性質をもっている。それは、存在するものの全てがその根本にもっている理法（ロゴス）を明示し、体系的に展開することを試みる。それゆえ「創造以前の神の叙述」とも言われるのである。しかし、この理法は人間に知られないどころか、われわれが真なる認識をするときつねにその中心を形成するものでもある。つまり、主観と客観の統一体なのである。それゆえ、この理法は経験の中心となる思惟規定だと言ってもよい。

経験の中心となる思惟規定をわれわれは、「熟知した《ベカント》」ものとして用いる。例えば「ペンが二本ある」というとき、数という規定を自明のものとして、いわば無自覚的に用いている。しかし、ものが「一つ」として算えられるためには、他との比較、同一性の認識、質的規定の捨象……というような、前提となるプロセスがあるはずである。このプロセスはたしかにすでに経験されている。しかしあたかも忘れられている。一つの規定は他の諸規定との媒介関係にある。しかしあたかもそれ自体としてある。一つの思惟規定が他の規定との媒介関係において形成されるプロセスを展開することによって、〈忘れ〉られていたものは〈想起《エルインネルン》〉され、〈内面化《エルインネルン》〉され、〈熟知された《ベカント》〉ものが、〈認識された《エルカント》〉ものとなる。経験――せまい意味ではなく「意識の内にあるものは経験されるものである」（GW20. S. 48）という「自由も、精神も、神も」（同）経験であるという意味での経験――の中心をなす思惟規定が、従来の形式論理学の内容を含めて、必然的な脈絡の中に位置づけられ、確証される。

ヘーゲルは本書で従来の「形式論理学」に多くの点で根本的な批判を投げつけている。一つは形式論理学で「A＝A」という同一律を、思惟の根本法則として固定し、絶対化している点である。どのような規定でも他のものとの関係におかれれば、〈それだけで〉（対自）と〈他に対して〉（対他）という矛盾を含まざるをえないと彼は考えた。またもう一つの批判点は、様々の規定が内的必然性をもたずに、いわば天下り式に提示されるという点であった。形式論理学から採られたカントのカテゴリー表もその点では同断である。一つの規定を〈それだけで〉孤立化させて固定してしまうから、展開の必然性が見失われてしまうのであり、むしろ内在的矛盾の展開を叙述することが、その必然性を明示することになるとヘーゲルは考えた。形式論理学と弁証法論理学はいかなる関係にあるかという問題はヘーゲルに始まって今日でも哲学上の重大問題の一つとなっている。

『エンチクロペディー』

Enzyklopädie der philosophischen Wissenschaften im Grundrisse.

正式に言うと『哲学的諸学のエンチクロペディー・要綱』となる。文字通りには「諸学の百科事典」であり、当時、シュルツェ（一八一四年）他幾人かの哲学者がすでに用いていた形式である。

哲学が体系的に叙述されねばならないということは、イエナ時代（『差異』論文）以来のヘーゲルの強い信念であったが、それがいかなる体系になるかについては多くの試案がなされたにもかかわらずニュルンベルクの校長時代の『哲学予備門』にいたるまで成案を見なかった。ついでハイデルベルクで『エンチクロペディー』が初めて書物にまとめられ、以後その基本形が守られていく。全体の目次（一八三〇年版）を掲げてみる。

論理学
- 一　有論
  - A　質
  - B　量
  - C　度量
- 二　本質論
  - A　本質
  - B　現象
  - C　現実
- 三　概念論
  - A　主観的概念
  - B　客観
  - C　理念

自然哲学
- 一　力学
  - A　空間と時間
  - B　物質と運動
  - C　絶対的力学
- 二　物理学
  - A　普遍的個体
  - B　特殊的個体
  - C　綜体的個体
- 三　有機体学
  - A　地質
  - B　植物
  - C　動物

精神哲学
- 一　主観的精神
  - A　人間学
  - B　精神現象学
  - C　心理学
- 二　客観的精神
  - A　法
  - B　道徳性
  - C　人倫
- 三　絶対的精神
  - A　芸術
  - B　啓示宗教
  - C　哲学

客観的精神の「人倫」の項の細目は、a家族、b市民社会、c国家（α国外法、β対外法、γ世界史）となる。この体系のいくつかの部分が独立した著作や講義としてまとめられている。すなわち『大論理学』、『精神現象学』、『法の哲学』（〈客観的精神〉に対応）、『歴史哲学講義』（〈国家〉の中の〈世界史〉）、『美学講義』（芸術）、『宗教哲学講義』（啓示宗教）、『哲学史講義』（哲学）である。ヘーゲルはさらに「心理学」を独立の著作とするつもりでいたが、死によってはばまれた。

ヘーゲル以後の哲学者の中には、体系を持つことを断念するというよりは、きびしく拒否しようとするものも多い。〈唯一の原理による全体的絶対的真理〉を求めるより、〈少なくともこれだけは私にとって真であるもの〉を求める傾向が強くなったからである。そこでヘーゲルは「最後の体系哲学者」とも呼ばれるが、その体系とは『エンチクロペディー』にほかならない。

『法の哲学』 Grundlinien der Philosophie des Rechts.

ヘーゲルはハイデルベルク大学とベルリン大学で計七回の法哲学講義を行っている。ただし最後の講義はヘーゲルの死により二回行っただけだった（一八三一年冬学期）。最初の法哲学講義（一八一七・一八年冬学期）は体系構成ならびに内容の点できわめて完成度の高いものであり、ヘーゲル法哲学の確立を示している。この講義を行う手引書として『法の哲学要綱』が執筆された（一八二〇年刊行）。この書は刊行直後から、保守派の論客からは革命を呼びこむ哲学、共和制を志向する論客からは個人の自由を副次的なものとする国家哲学と評されていた。そこには二〇世紀の法哲学読解・解釈をめぐる論争の原型が見られる。

この書をベルリン版全集に収める際に、E・ガンスは本文と注解の理解のために、二つの講義筆記録（ホトーとグリースハイム）から採録して、各節に補遺を付した（一八三三年）。この本文と補遺が法哲学、特に国家論解釈に火種を作ることになる。長きにわたる論争に解決を与えるべく、K・H・イルティングは二つの講義筆記録ならびにさまざまな批評を含む資料集を刊行して（一九七三―七四年）、この書を、カールスバート決議に見られる政治的状況の悪化の中での政治的順応の産物として、ヘーゲル本来の思想を講義の中に見ようとした。後に彼はハイデルベルク法哲学講義の刊行も手がけて（一九八三年）、同時代のフランス立憲思想、西南ドイツ立憲運動とのつながりを指摘した。彼のリベラルな解釈は措くとして、同時代の政治的・思想的影響関係という視点が国家論読解の上で必要になっている。こうした紆余曲折をへて、今日、各年度の法哲学講義が刊行されて、思想史的ならびに同時代史的な視野の中で読解する環境が整うに至っている。

『法の哲学』は、権利と法の意識が明確な姿で登場した近代の中で、個人の自由と共同の自由を生きたものとする人倫的共同体のあり方を、その基本的な構成要素から出発して、それらの意義を確認しながら描き出している（権利―道徳性―家族―市民社会―政治的国家）。そこには当時のプロイセンにまだ存在しないさまざまな制度が描きこまれている（陪審裁判、議会、言論出版の自由、憲法など）。市民社会と政治的国家を貫くのは、公開性の原理であり、個人の自由を生かしつつ政治的公共性の領域を実のあるものとするさまざまな制度的工夫のあとが随所に見られる。今日から見てなお示唆に富んでいる。「立憲君主制」もこうした文脈の中で読み解くことができるであろう。

『哲学史講義』

Vorlesungen über die Geschichte der Philosophie.

哲学的哲学史はヘーゲルの手で初めて書かれたと言ってよい。ヘーゲル死後もヘーゲル学派からは有力な哲学史家が輩出し、哲学史の概念を確立したことは、ヘーゲルおよびヘーゲル学派の功績の一つとして評価される。今日残されているものはヘーゲルの自筆原稿ではなく、弟子たちが講義を纏めたものであるが、全ての哲学を完成に向けて歩む有機的形成と観じた雄大な構想、間接資料にほとんど依存せずに古今の大哲学者を自家薬籠中のものとした豊かな学識、時々交える穏やかなユーモアとによって魅力ある著作の一つとなっている。

「哲学史」が彼の体系の「哲学」に属することは、『ハイデルベルク・エンチクロペディー』の「哲学」の項のメモに、「哲学史」が書きこまれていることから分かるが、哲学の体系と哲学の歴史とを無造作に接合することはできない。「哲学の歴史」という「この対象そのものがただちに内的な対立を含んでいる」からである。というのは「哲学のめざすのは、不滅、永遠、即かつ対自的なものを認識すること、つまり、哲学の目標は真理である。ところが歴史が物語るのは、ある時には存在したが、他の時には消え去り、他のものに追いやられたといったものである」(Suhrkamp. XVIII. S. 24)。そこで、哲学史は「阿呆の画廊」(Suhrkamp. XVIII.S.29)とも呼ばれかねない。しかし事実はその反対である。「哲学の歴史がわれわれの前に描き出すものは高貴な精神の列であり、思惟する理性の英雄たちの画廊である」(Suhrkamp. XVIII. S. 20, cf. S. 14)。

それでは哲学そのものにおいて永遠なるもの、理念的なものと現実的、時間的なものとは、どのように統一されるのであろうか。「理念は——それ自体具体的で、自己を展開するものとして——有機的体系、諸段階・諸契機の富を自己の内に含む綜体性である。ところで哲学はそもそもこうした発展の認識であり、概念把握する思惟として、かかる思惟する発展《デンケンデ》なのである」(Suhrkamp. XVIII. S. 46)。ところが「歴史における哲学的諸体系の継起の順序は、理念の概念規定の論理的導出の継起の順序と同一」(Suhrkamp. XVIII. S. 49)である。つまり、歴史性と論理性の本質的一致。それゆえ「哲学史の研究は、哲学そのものの研究である」(同)。

体系性(論理性)と歴史性の統一という観点は、ヘーゲルの多くの哲学部門に見られる観点である。哲学は哲学史として、宗教は宗教史として、芸術は芸術史として展開されている。しかし歴史はつねに未完であるが、体系はつねに完結している。そこでむしろ、歴史性と体系性の一致というヘーゲルの観点においてこそ、彼の哲学は破綻しているのだとみる者も出てくることになる。

イエナ期『体系草案』群

『精神現象学』に前後して書かれた『体系草案』はラッソン版全集では『論理学・形而上学・自然哲学』Logik-Metaphysik-Naturphilosophie(頭文字を採ってLMN)、『実在哲学』I、IIとなっており、これら題名は通称として今日でも用いられている。いずれも体系形成へ向けて努力するヘーゲルの思想的苦闘の跡をとどめて、内容は錯綜し、しばしば文意はまったくの破格のままに終わっている。しかしヘーゲルの労働論のもっとも重要な部分は『実在哲学』I、IIに見出されるし、彼の特異な『論理学』の最古の原型はLMNのLM部に見出されるのみである。『実在哲学I』は、大全集 Gesammelte Werke では『思弁哲学体系――自然哲学、精神哲学のための講義草稿からの断片』となっており、『実在哲学I』はあくまで通称にすぎない。尚『実在哲学II』は今日ではホフマイスター編で『実在哲学』(IIが付かない)として刊行されている。

講義録

ベルリン版全集で、講義筆記録をもとにして『歴史哲学講義』、『美学講義』、『宗教哲学講義』、『哲学史講義』が編集された。これらの書籍は刊行された著作に比べて格段に読みやすく、そのためヘーゲル哲学のイメージができる上で大きな役割を果たした。ヘーゲルの友人ないし弟子たちには、聴講者の筆記録の中でも使用に耐えうると見たものから選択して、それぞれの講義を体系的に完結したものとして提示しようとする姿勢があった。そのため時期的に異なる講義を切り貼りしてひとつの完結したイメージをもつテキストが作られた。それは、ズールカンプ版全集にも引き継がれてきた。

ヘーゲル・アルヒーフは、アカデミー版全集第二部で講義録の刊行を進めているが、収集され、発見された講義筆記録は、ハイデルベルクからベルリン時代のもので一三〇に達している。講義筆記録から出てくるさまざまな問題が編集上の議論になっているという。その上で、講義科目別、開講年度別に編集、刊行される講義録は、体系期と言われるベルリン時代においてもなお、発展史的研究を求めている。これまでの既成のヘーゲル哲学像はベルリン版講義に由来するところが大きい。第二部講義録の刊行は、そうしたヘーゲル哲学像の刷新に結びつくであろう。なお第二部講義録刊行の準備作業として、試行版『講義録選集』(Felix Meiner 社)が一九八三年から二〇一四年にかけて刊行されている(全一七巻)。

主要邦訳書

著作（論文を含む）

『理性の復権――フィヒテとシェリングの哲学体系の差異』　山口祐弘他訳　批評社　一九九四年
『惑星軌道論』　村上恭一訳　法政大学出版局　一九九一年
『懐疑主義と哲学との関係』　加藤尚武他訳　未來社　一九九一年
『信仰と知』改訂版　久保陽一訳　公論社　一九八〇年
『近代自然法批判』　松富弘志他訳　世界書院　一九九五年（「自然法の学的取扱いについて」）
『ヘーゲル政治論文集』（上・下）　金子武蔵、上妻精訳　岩波文庫　一九六七年
『ヘーゲル教育論集』　上妻精編訳　国文社　一九八八年
『ヘーゲル批評集』（一、二）　海老澤善一訳編　梓出版社　一九九二－二〇〇〇年
『初期ヘーゲル哲学の軌跡――断片・講義・書評』　寄川条路編訳　ナカニシヤ出版　二〇〇六年
『精神現象学』（上・下）　樫山欽四郎訳　平凡社ライブラリー　一九九七年
『精神の現象学』（上・下）　金子武蔵訳　岩波書店　二〇〇二年
『小論理学』　改訳真下信一、宮本十蔵訳　岩波書店　一九九六年
『自然哲学』（上・下）　改訳加藤尚武訳　岩波書店　一九九八－九九年
『精神哲学』　改訳船山信一訳　岩波書店　二〇〇二年
『法の哲学』（上・下）　改訳上妻精他訳　岩波書店　二〇〇〇－〇一年

＊岩波版ヘーゲル全集は、旧訳、改訳を交えて（一九九五－二〇〇二年）再刊された。

『論理の学』（存在論〈第二版〉、本質論、概念論）山口祐弘訳　作品社　二〇一二－一三年

『大論理学』（存在論〈初版〉、本質論、概念論）寺沢恒信訳　以文社　一九七七－九九年

草稿

『ヘーゲル初期神学論集』（Ⅰ・Ⅱ）ヘルマン・ノール編　久野昭他訳　以文社　一九七三－七四年

『キリスト教の精神とその運命』細谷貞雄他訳　白水社　二〇一二年

『論理学・形而上学――ヘーゲル哲学体系初期草稿（一）』新装版　田辺振太郎訳　未來社　一九九八年（LMNのLMを扱う）

『自然哲学――ヘーゲル哲学体系初期草稿（二、三）』（上・下）本多修郎訳　未來社　一九七三－八四年（LMNのNを扱う）

『人倫の体系』上妻精訳　以文社　一九九六年

『イェーナ体系構想――精神哲学草稿Ⅰ・Ⅱ』加藤尚武監訳　法政大学出版局　一九九九年（アカデミー版ヘーゲル全集による）

『ヘーゲルの「ギムナジウム論理学」』海老澤善一訳　梓出版社　一九八六年

講義

『自然法と国家学講義――ハイデルベルク大学一八一七・一八年』（ヴァンネマン筆記録）高柳良治監

訳　法政大学出版局　二〇〇七年（試行版『ヘーゲル講義録選集』第一巻による）
『自然法および国家法——『法の哲学』第二回講義録　一八一八・一九　冬学期　ベルリン』（C・G・ホーマイヤー筆記録）尼寺義弘訳　晃洋書房　二〇〇三年
『ヘーゲル法哲学講義録　一八一九・二〇』（筆記者不詳）ディーター・ヘンリッヒ編　中村浩爾他訳　法律文化社　二〇〇二年
『法の哲学——『法の哲学』第四回講義録　一八二一・二二年　冬学期　ベルリン（キール手稿）』尼寺義弘訳　晃洋書房　二〇〇九年
『ヘーゲル教授殿の講義による法の哲学——『法の哲学』第五回講義録　一八二二・二三　冬学期　ベルリン』（H・G・ホトー手稿）尼寺義弘訳　晃洋書房　二〇〇五年
『法・権利・正義の哲学——『法の哲学』第五回講義録　一八二二・二三年　冬学期　ベルリン』（K.W.L.ハイゼ手稿）尼寺義弘訳　晃洋書房　二〇〇六年
『法哲学講義』（一八二四・二五年　冬学期　グリースハイム筆記録）長谷川宏訳　作品社　二〇〇〇年
『宗教哲学』（上・中1、2・下1、2）改訳木場深定訳　岩波書店　一九九五年
『美学講義』（上・中・下）長谷川宏訳　作品社　一九九五－九六年
『歴史哲学講義』（上・下）長谷川宏訳　岩波文庫　一九九四年
『哲学史講義』（上・中・下）長谷川宏訳　河出書房新社　一九九二－九三年
『宗教哲学講義』山﨑純訳　創文社　二〇〇一年（試行版『ヘーゲル講義録選集』第三－五巻による）

『G・W・F・ヘーゲル論理学講義――ベルリン大学一八三一年』（カール・ヘーゲル筆記録）ウド・ラーマイル編　牧野広義他訳　文理閣　二〇一〇年（試行版『ヘーゲル講義録選集』第一〇巻による）

参考文献

『ヘーゲルハンドブック――生涯・作品・学派』W・イェシュケ著　神山伸弘他訳　知泉書館　二〇一六年
『ヘーゲル哲学への新視角』加藤尚武編　創文社　一九九九年
『ドイツ観念論とは何か――カント、フィヒテ、ヘルダーリンを中心として』久保陽一著　ちくま学芸文庫　二〇一二年
『意識と無限――ヘーゲルの対決者たち』山口祐弘著　近代文藝社　一九九四年
『ドイツ観念論からヘーゲルへ』栗原隆著　未來社　二〇一一年
『ヘーゲル哲学体系への胎動――フィヒテからヘーゲルへ』山内廣隆著　ナカニシヤ出版　二〇〇三年
『承認と自由――ヘーゲル実践哲学の再構成』高田純著　未來社　一九九四年
『ヘーゲル弁証法と近代認識――哲学への問い』島崎隆著　未來社　一九九三年
『ヘーゲル論理学の基底――反省批判と関係の存在論』久保陽一著　創文社　一九九七年
『ヘーゲルとドイツロマン主義』伊坂青司著　御茶の水書房　二〇〇〇年

『ヘーゲルのギリシア哲学論』 山口誠一著 創文社 一九九八年
『意識の歴史と自己意識――ヘーゲル『精神現象学』解釈の試み』 飛田満著 以文社 二〇〇五年
『哲学の欲求と意識・理念・実在――ヘーゲルの体系構想』 幸津國生著 知泉書館 二〇〇八年
『ヘーゲル論理学研究序説』 海老澤善一著 梓出版社 二〇〇二年
『自由と権利の哲学――ヘーゲル「法・権利の哲学講義」の展開』 福吉勝男著 世界思想社 二〇〇二年
『ヘーゲル「法（権利）の哲学」――形成と展開』 滝口清栄著 御茶の水書房 二〇〇七年
『ヘーゲルにおける理性・国家・歴史』 権左武志著 岩波書店 二〇一〇年
『ヘーゲルの悲劇思想』 小川真人著 勁草書房 二〇〇一年
『神と国家――ヘーゲル宗教哲学』 山﨑純著 創文社 一九九五年
『ヘーゲルを読む』 高山守著 放送大学教育振興会 二〇〇三年
『ヘーゲル講義録研究』 O・ペゲラー編 寄川条路監訳 法政大学出版局 二〇一五年
『ヘーゲル講義録入門』 寄川条路編 法政大学出版局 二〇一六年
『ヘーゲル哲学入門』 滝口清栄著 社会評論社 二〇一六年

（加藤尚武、滝口清栄）

平凡社ライブラリー版 あとがき

加藤尚武

ここに平凡社ライブラリーとして再刊されることになった廣松渉編『世界の思想家12 ヘーゲル』（以下、『ヘーゲル』）は、ヘーゲルという怪物の思想家のさまざまに見える姿を、さまざまな角度から切り取った写真集のような本である。その切り取って見せるカメラマン・廣松渉も怪物だったが、ここでは謙虚で冷静な観察者の態度を保っている。

旧版『ヘーゲル』の刊行は奥付では昭和五一年、一九七六年五月となっているが、原稿が出来上がって、平凡社に引き渡してからずいぶん長い時間がかかって本が出来上がったと記憶している。一九七五年の秋には、脱稿したと思われる。この本の編集作業を始めたときは、まだ『ドイツ・イデオロギー』の新版テキストの刊行（一九七四年）がなされておらず、廣松さんはその校正でひどく疲れた状態だったので、息抜きに『ヘーゲル』の編纂作業を挟むという場面もあったと思う。ほぼ出来上がったときに「廣松、加藤の分担分が、だいたい半々になった」と話していた。「廣松は既成の翻訳が存在するテキスト、加藤は既成の翻訳が存在しないテキスト」という役割分担だった。私は、原文のコピイとその翻訳（手書き原稿――コピイ機は普及していたが、ワープロはまだなかった）をホチキスで束ねたものをせっせと廣松さんに送り届け、廣松さんが選んだ文章はほとんど見ていなかったので、廣松渉編集で加藤は資料提供者という役割だった。しかし、廣松さんは私に「共同編集者」という名誉を与えようとさまざまな努力をしてくれた。今、考えてみると、アンソロジーの半分が未邦訳文献という編集結果はとてもよかったと思う。ヘーゲルの新しいテキストが編集されて、今でも刊行が続いている。その都度の時点で、新旧半々のテキストの概要が分かれば、ヘーゲルの全体像がつかみやすい。

ヘーゲルの全体像とは、どんなものか。キリスト教と反キリスト教、国家中心主義と個人主義、市場経済の氾濫、自然科学の爆発的な進展という場面で、教会には距離を置きながら、まだ完成していない国家に献身する覚悟は持ちながらも穏健な批判的市民として、社会的な役割を立派に果たすことが、ヘーゲルの選んだ生き方だった。知識の多様化と混乱に対して、単一の原理にもとづく必然的な展開でそれらを体系化して見せると意気込んで哲学体系に取り組んだが、その人生の終わりには、グーテンベルク革命でヨーロッパに出現した膨大なデータの集積はできないと断念せざるを得なかった。それでも「根源的な一者が有機的に自己展開を遂げて知の全体を形作る」という旗印は捨てなかった。

ヘーゲルの課題は、カント主義の克服だった。カントによれば、物自体は認識できない、人間は二つの世界に生きている、感性界に生きて自然の必然性に支配される、純粋で形式的な道徳法則にしたがうことで自律性・自由を保つことができる。この二つの世界に生きる人間、自分の存在の彼方に絶対的なものを仰ぎ見るという観点を克服することがヘーゲルの課題だった。ヘーゲルの挑戦を、ゲーテは温かい目で見守っていた。シラーも、カントの克服に取り掛かったが、結局、崇高という理念によって英知界に近づくと考えた点で、カント主義に不満は述べたが、克服はできなかった。ゲーテは、人間の魂のなかに自然の生命が燃えている、それが愛であるという形でキリスト教的な原罪観から離れたところに立っていたが、ヘーゲルが哲学的に裏付けることを期待した。しかし、ヘーゲルは、人間の心のなかに燃え続けているのは、自然でも精神でもあるような生命で、それは直接的な自然を超えるものだと考えた。

自然と精神の共通の根底は、自己運動する論理だ、だから知の全領域は、論理学、自然哲学、精神哲学という体系になると、ヘーゲルは考えた。「その論理学を展開して見せてくれ」という要求に対して、新プラトン派のプロティノス、ルネッサンスのフィチーノなど、自然哲学とさまざまの論理思想をかき集めて、自己流の展開をしてみたのだが、何度書き直しても自然哲学の跡が残ってしまう。「論理学は何度も書き直さねばならない」とヘーゲルは発言しているが、だれからも苦情が出なかったのは不思議である。経験的知識や精神の表現ならば何度も書き直して完成に達するという美談が成り立つだろうが、そもそも「論理学に書き直しはありうるのか」という疑問がわく。

マルクス主義の正統派を名乗る人々は、「唯物論的弁証法論理学」が成り立つという立場を作って、ヘーゲルを克服したと称している。廣松さんは、そういう正統派に「本当のマルクスのテキスト」を突き付けて対抗しようとしていた。

廣松さんは、一九七〇年三月に名古屋大学助教授を辞職、七二年に法政大学第二教養部非常勤講師、七三年に東京大学教養学部非常勤講師、七五年東京大学教養学部助教授という経歴を踏んでいた。平凡社『ヘーゲル』は、廣松さんが東大助教授になって最初の著作ということになる。この本が出たとき「実力も肩書もまばゆいばかりに素晴らしい知の巨人が登場した」と廣松さんの印象を語ったひともいた。

私は、一九七二年一〇月から東北大学の助教授をしていた。廣松さんが「君の研究テーマは公式的に言うとどうなるの」と聞いた時、「イエナ期ヘーゲルの形成史的研究」と答えたことを覚えている。私の研究目的は、「革命の必然性を明らかにする客観的弁証法という論理が存在するか」という疑問に答えることだった。そのためにヘーゲルの『大論理学』の中身がすみからすみまでわかるようになりたいと思った。しかし、そのドイツ語を暗記するほど読み続けても、まったく不可解だった。そこで、『精神現象学』を読んで、論理学とのつながりを確かめようとした。

廣松さん、良知力さんなどのマルクス研究は、マルクスの著作を執筆年代順に並べて、その思想の変化を映画のコマをつなげるようにして読んでいくというものだった。私は、おなじことをヘーゲルで行おうとした。ヘーゲルの執筆年代表を作成する作業は、東北大の大学院生の共同作業で開始し、最終的には栗原隆氏が完成して「ヘーゲル事典」(弘文堂、一九九二年、初版)に発表した。そこに見えてくるのは、三段階の体系という設計図にしたがって、その完成に向かってまっしぐらに進んでいくヘーゲルではない。さまざまな寄り道をしながら、どろ沼の中を進み、結局、完成を果さないヘーゲルである。

完成された体系のイメージは、大きな影響力を発揮していた。船山信一さんの『ヘーゲル哲学の体系と方法』(未來社、一九六九年)では、ヘーゲルの体系を「精神現象学」+「エンツュクロペディー」=精神現象学+論理学+自然哲学+精神哲学とみなすという内容が書かれているが、それまでヘーゲルは体系を完成した哲学者、その体系は論理学+自然哲学+精神哲学という見方が定着していたので、精神現象学を付け加えた船山さんの言葉が新鮮な感じを与えた。

しかし、執筆年代表を作ってみれば、『精神現象学』(一八〇五-〇七年)と並行して、『実在哲学I』(一八〇三-〇四年、現在では『イエナ体系草稿I』と呼ばれる)、『論理学・形而上学・自然哲学』(一八〇四-〇五年、現在では『イエナ体系草稿II』と呼ばれる)、『実在哲学II』(一八〇五-〇六年、現在では『イエナ体系草稿III』と呼ばれる)が書かれている。しかも、これらの体系草稿には、『精神現象学』よりも完成度の高い記述が含まれている。アダム・スミスの影響を受けた社会哲学は、体系草稿群のなかにあって、『精神現象学』にはない。

そのヘーゲルの社会哲学を廣松さんに見せるという役割を、『ヘーゲル』の編集作業で果したかった。廣松さんの狙いはマルクス主義の復権であり、私の思いはマルクス主義への懐疑だった。もしも革命が歴史の必然性であるなら、革命における殺人に関して正当化の根拠を考える必要はない。マルクス主義者は革命のために「限りなき献身」を果すべきで、個々の行為の正当化の根拠は考えないというのが、古いタイプの闘士の生き方だった。私は、サルトルの影響もあって、自己の決断と責任という態度決定が重要だと思っていた。廣松さんは実存主義とマルクス主義をつなぎ合わせた思想を「マル存主義」と呼び、軽蔑していた。サルトルを指して「フランスのサルを殺せ」と言ったこともある。廣松さんは、革命の倫理を避けているように見えた。

マルクス主義の公式見解では「ヘーゲルは、観念論の立場で弁証法論理を示したが、その観念論はひっくり返して唯物論にしなくてはならない。唯物論的弁証法が、正しいマルクス主義の立場である」というのだった。その「観念論と唯物論」の関係は、主観が客観を支配するのが観念論、主観が客観を反映するのが唯物論という主張なので、「客観的に実在する弁証法の論理を反映したものが唯物論的弁証法であり、それは歴史の必然性を指し示す」というのが公式のマルクス主義だった。

廣松さんの哲学には「主観が客観を反映する」という文脈はないので、ヘーゲル弁証法とマルクス主義の弁証法との関係は、廣松さんの視野のなかでは、どのようなつながりになるのか。そもそも「唯物論的弁証法」という概念を廣松さんは容認するのか。

旧版『ヘーゲル』刊行後、一九七八年一二月臨時増刊号の「現代思想」がヘーゲル特集を組むことになり、廣松さんは巻頭論文「何故いまヘーゲルなのか」を載せた。これは二人の人物の対話篇となっていて、どちらの立場が廣松自身なのか、分からない。ヘーゲルという壁の正面突破を避けて、わきに回ったという印象の文章である。とても断定することが難しい状況の中で、きわどいぎりぎりの線を打ち出そうとしている。もしも平凡社『ヘーゲル』の編纂をしていなかったなら、廣松さんがこれほど迂回し、屈折することはなかっただろう。

私は「革命の死んだ日に歴史が生まれた」という論文と、ヘーゲルのまだ知られていない文章を集めた「知られざるヘーゲル」を編纂した。これは哲学以外の詩、ジャーナリスティックな戯文などを含むもので、私が編集部に提案して掲載させてもらった。ヘーゲルと言えば、がちがちの論理で組み立てられた「正・反・合」三段階の積み重ねの抽象的思索の人だと思い込んでいる人々に、ヘーゲルの生き生きとした感受性を見せつけたいと思った。

ヘーゲルが形式的に完成した体系を作り上げているというのは、誤解であることを私は示したかった。ヘーゲルは、体系の完成を断念している。彼の論理学は、破綻している。しかし、ヘーゲルは、感性と知性の微妙な接点を知っていた。

そのために現代英米の哲学界では再びヘーゲル研究ブームになっている。しかし、今回のマクダウエルとブランダムを核とするヘーゲル研究ブームは従来のブームとは根本的に違う。「英米の経験論とヨーロッパの合理論との断層」が、経験論の自己否定を含む形で埋められようとしているからである。こういう動向が生まれることをおそらく廣松さんはまったく予測していなかったと思う。廣松さんは、フッサールを取り込む形でのマルクス主義が可能だと信じていたと思う。

彼は池上鎌三（一九〇〇－五六年）先生の『知識哲学原理』に私淑しながら、同時に、京都学派のふつう右翼的とみなされている哲学者に「乗り越えられないもの」を感じていた。そうした思いが「結局はマルクス主義が正しい。暴力的革命が不可欠だ」という結論に集約されるべきだと信じていた。廣松さんは思想的怪物である。ヘーゲルも西洋思想史最大の怪物である。日本の怪物は、西の怪物に向かって、とても慎重な距離を保って、無理な断定を避けて、その全体像をスケッチしようとした。そのスケッチ集、デッサン帳が、廣松渉編『ヘーゲル』である。

ヘーゲル執筆年代表を作成し、未邦訳文献を減らしていく。これが東北大学時代以来の私のヘーゲル研究の基本方針である。

私自身によるヘーゲルの翻訳としては、次のものがある。「自然法講義草稿」(一九七九年)、「小論集」(一九八三年)、『懐疑主義と哲学との関係』(一九九一年)、『自然哲学』(一九九八 - 九九年)、『イェーナ体系構想——精神哲学草稿Ⅰ、Ⅱ』(一九九九年)。

その他、多くの翻訳が出ているが、旧版『ヘーゲル』の時と違って、「宗教哲学」、「法哲学」(Rechtsphilosophie 直訳すれば「権利哲学」)、「論理学」の講義録の翻訳が多く出されている。「法哲学」だけで数種類の講義録が、翻訳出版されている。以前は、講義録を再編集して、決定版の「法哲学講義」を作るという方針だった。第二次世界大戦以前、ドイツで「新ヘーゲル学派」が登場していたころ、たとえば講義ノートから講義録を再編集するという計画が進められていたが、再編集を止めて、講義ノートをそのまま出版するという方針に変わった。

以前はヘーゲルの体系は、論理学、自然哲学、精神哲学の三部からなるもので、その体系の一部が「宗教哲学」、「歴史哲学」、「美学」などの講義で、詳細に語られているので、体系の記述を補うために講義録が用いられると考えられていた。ところが、実際には、ヘーゲルの講義は、哲学体系をどんどんはみ出していってしまう。「歴史哲学講義」は、建前上は「法哲学」の一部であるのに、実際には独立した著作としての性格を持っている。ヘーゲルの体系は、知の全体像を示すことであったのに、歴史とか進歩とか進化を視野に入れると、全体の完結性は成り立たなくなる。体系と歴史が、本当にひとつのものとなりうるのか。この点を掘り下げると、ヘーゲルの用意していた「歴史性と論理性の一致」という仕掛けがうまく働かないという問題が生まれる。日本の哲学界は、ヘーゲルこそ歴史性の概念を確立した（たとえば金子武蔵先生）とみなしてきたのだから、ここでヘーゲル像は激震を受けるかもしれない。

ヘーゲルは「歴史哲学」をその一部しか書いていない。彼の「歴史哲学」と呼ばれてきたものは、講義録を再編集したものである。物書きとしてのヘーゲルは、極端な筆不精である。そのうえ文章を書き始めるとイメージが限りなく膨らんでいくので、収まりのいい文章にはならない。ひどく難解な文章になってしまう。そのヘーゲルが（発声がひどく悪かった。そのために少年の時に「老人」というあだ名がついた）講義となると、壮大なイメージを繰り広げる。ジョークを飛ばす。かなり危険思想と思われるようなことも、しゃべる。「書く人」ヘーゲルとは違った「語る人」ヘーゲルの独自の魅力があり、同時代への影響は、この「語る人」ヘーゲルから生まれている。

ヘーゲルの講義録には独自の思想的生命があるので、「完成した体系の補遺」としてではなく注目されるようになってきた。

オットー・ペゲラー編『ヘーゲル講義録研究』寄川条路監訳、法政大学出版局、二〇一五年

寄川条路編『ヘーゲル講義録入門』、法政大学出版局、二〇一六年

この二冊の案内書が書かれていて、ヘーゲル研究が新しく開花するための土台となっている。講義録は、多くの人が書いているので、それぞれの文体の違いがある。たとえば、『ヘーゲル美学講義』の編集者であるホトーのノートは分量が多く、完成度が高い。たぶん、文学作品の名前などは、ホトー自身の知識にもとづいて記述を補充していると思われる。誰のノートを見ても、ヘーゲルの思想をともかくとらえている。しかし、文章のスタイルは、ヘーゲル自身のものとは、まったく違う。

講義録の刊行が続いているので、ヘーゲル解釈を、講義録を中心として進める研究者が、とくにアメリカで増えてきている。ヘーゲルの自筆原稿でも「ドイツ憲法論」は、難解ではない。そこで(故)高柳良治さんのように、「難解なテキストは私にはわかりません」と断念して「ドイツ憲法論」を拠点にしてヘーゲル研究を進めている人もいる。

いつの日にか、まったく違うヘーゲル哲学像が角を突き合わせることになるかもしれない。私は、ヘーゲルの自筆原稿から、キイワードすべての用語例を拾い集めて解釈を下すという作業を進めていかないと、ヘーゲル哲学像の真相がわからなくなると心配している。

私は、千葉大学に在職しているとき、ズールカンプ版ヘーゲル全集を電子化し、電子化テキストによる解釈の方法を追求するという道づくりをした。

廣松さんと平凡社の『ヘーゲル』を作成しているとき、私は「例えば〈概念〉とか〈観念論〉とかの言葉について、ヘーゲルの全著作の全用語例が完全に枚挙できるのでなければ、本当のヘーゲル解釈はできない」と述べたことがある。廣松さんは、その話をきいてニヤニヤしていた。「どうせそのような索引ができるはずがない」と思ったに違いない。

千葉大学で「テキスト・データベース」の研究をすすめていた土屋俊氏が、「光学文字読み取り機（OCR＝Optical Character Reader）を研究費で購入するけど、必要な使い道がありますか」と言ってくれた。私は、即座に「ヘーゲル全集の入力をお願いします」と言った。購入機は、カーツワイルの製品が選ばれた。それはドイツの古い文字（亀の子文字）を読み取ることができたからだ。実際には、ズールカンプ版を入力することになったので、亀の子文字の読み取りは不要だった。

現在では、さまざまのOCRソフトが販売されていて、パソコンにインストールすれば十分に役に立つ。ヘーゲル・テキストの電子化は、ズールカンプ版全集に採録されていないテキストにも及んでいる。

電子化のメリットを生かすテキスト解釈では、特定の単語の頻度を調べてテキストの筆者を特定する「執筆者問題」Autorschaft への適用が考えられる。「ドイツ観念論最古の体系」をヘーゲル、シェリング、ヘルダーリンの誰が書いたかという「執筆者問題」が未解決であるが、単語の頻度数を調べて結論が出せるとは言えない。理由は、たとえばヘルダーリンの口頭で述べたアイデアをヘーゲルが書いたと仮定すると、ヘーゲルにはヘルダーリンの文体を模倣する才能が十分にあるので、文体からは執筆者が判定できない。

私は、電子化テキストをもっぱら用語例の枚挙に使っている。たとえば「弁証法」という言葉は、ヘーゲルの全自筆著作のなかでわずか263例しかない。そのすべての用例について、テキストの逐語的な解釈を下して、「弁証法」という言葉の特質を明らかにする作業を、死ぬまでに済ませたいと思っている。

用語例の枚挙ができても、一つ一つの文例が難解で、私とは別の人が同じ用語例を解釈すれば、違った意味になるかもしれない。ともかく「弁証法」の全用語例に私の解釈を書くという作業を完成させたい。

研究の進展というと、結局、情報を増やすことになるのだが、研究の最終目標は、情報を減らすことである。「ヘーゲルのすべてのテキスト、不要」という判断が下されるなら、最善である。せめて「これでヘーゲルの全部が分かるというアンソロジー」ぐらいは、作り続けなくてはならない。「ヘーゲル事典」を編集し、研究の拠点づくりをしたのも、周辺の情報を整理して少なくするためである。

ヘーゲル全集が刊行され、ヘーゲル自筆原稿のすべてが刊行され、講義録の編集刊行が続いているが、並行して情報を減らす（集約する）作業を続ける必要がある。イェシュケ『ヘーゲルハンドブック』（知泉書館、二〇一六年）が翻訳刊行されたことは、ヘーゲル研究史の画期的な出来事である。イェシュケは、ヘーゲル大全集の編集の中心人物で、ともかく彼はヘーゲルがよく読める。以前ドイツで開かれた国際学会では、ヘンリッヒやフルダとゼミナールを公開でやってくれたが、イェシュケが先生で、ヘンリッヒやフルダが生徒という役割がはっきりしていた。『ヘーゲルハンドブック』は、彼がヘーゲルの全著作に解説を書いたもので、とても高い信頼度を置いていいものである。

それでもヘーゲル研究は、まだまだ未熟である。期待される文献学的データが空白のままで残されている。

ヘーゲルにとってプラトン、アリストテレス、プロティノスなどの古典のテキストは、どのくらい入手可能だったのか。たとえばアリストテレス全集はヘーゲルの死後刊行されている。ヘーゲルの生前、事実上アリストテレスの全集は入手可能だったのか。

『精神現象学』には、多くの他人の著作が読み込まれたり、故意に歪曲されて引用されたりというような、他人の文章との隠れた応答関係がある。現在のW・ボンジーペン版は、そのような隠れた相互関係については、注釈をつけることなく、有名な哲学書の読み込みについてだけ、最小限度の注をつけている。完全な注を付ける作業をしなくてはならない。

ヘーゲルは子供のときからシェイクスピアの作品に親しんでいて、竹内敏雄先生のお話によると隠れたシェイクスピア学者だった。すると『精神現象学』に、シェイクスピアからの引用が隠れているかもしれない。こういうコノテーション研究という点では、現在までにでた全集はまったく不十分である。

廣松さんが生きていて、改訂版を作るからまた協力してほしいと言ってくれたなら、どんなにいいかと思うが、それは不可能である。廣松さんの角度で採録したヘーゲル像を集めたものとして、このヘーゲル・アンソロジーは、味読に値するものであると思う。

このヘーゲル・アンソロジーを再版する際の最大の難関は、廣松さんと私が最初に編集した時と、ヘーゲル全集の刊行の状態が大きく変化してしまっていることから、現にもっとも使われている版と当時使った版とが一致しなくなっていることであった。この平凡社ライブラリー版の凡例に掲げたように極力、新全集版のページ数と照合できるようにする作業は、滝口清栄氏が行ってくれた。高度の文献上の知識を必要とする作業を、滝口氏は非常に正確度のたかい水準で達成してくださった。また文献案内の改訂も、滝口氏が行ってくれた。

ヤ行

ラ行

タ行

ナ行

ハ行

マ行

サ行

索引

主要概念を中心に、ヘーゲルの多義的な用例を弁別できるよう配慮しつつ拾っておく。「即自」「止揚」「精神」等々、極言すればほとんど全ページに見出されるものは除外してある。また、「家族」「道徳」等、本書では当該の主題に関する主要立論の個所を採録しなかった概念については、頻出するものであっても敢て除外する。人名索引を省いたのも同じ理由による。尚、編訳者の解説の部分はこの索引の対象外である。

ア行

カ行

[著者]

Georg Wilhelm Friedrich Hegel

G. W. F. ヘーゲル（1770-1831）

近代ドイツを代表する哲学者。シュトゥットガルトの中級官吏の家に生まれる。チュービンゲン神学校に入学し、ヘルダーリン、シェリングと親交を結ぶ。しかし、聖職に就くことは断念、哲学者へと進路を変更。1801年、イエナ大学に職を得、哲学教師としてのスタートを切るが、イエナ大学閉鎖後、新聞編集者、ギムナジウム校長などを経て、ハイデルベルク大学教授。最後はベルリン大学教授として生涯を終える。ドイツ観念論を集大成したといわれ、フォイエルバッハ、マルクスらに多大な影響を与えた。

[編訳者]

廣松渉（ひろまつ わたる）

1933年、福岡県生まれ。東京大学大学院哲学科博士課程修了。元東京大学教授。専攻は哲学。1994年没。

おもな著書に『存在と意味』（岩波書店）、『世界の共同主観的存在構造』（講談社学術文庫）、『物象化論の構図』（岩波現代文庫）、『マルクスと歴史の現実』（平凡社ライブラリー）、『廣松渉著作集』（全16巻、岩波書店）などがある。

加藤尚武（かとう ひさたけ）

1937年、東京都生まれ。

東京大学大学院博士課程中退。京都大学名誉教授。鳥取環境大学名誉学長。専門は哲学・倫理学。

おもな著書に『ヘーゲル哲学の形成と原理』、『バイオエシックスとは何か』（ともに未來社）、『環境倫理学のすすめ』（丸善ライブラリー）、『ヘーゲルの「法」哲学』（青土社）、共編著に『縮刷版ヘーゲル事典』（弘文堂）、『ヘーゲルの国家論』（理想社）などがある。

平凡社ライブラリー 852

ヘーゲル・セレクション

発行日…………2017年2月10日　初版第1刷
2018年12月7日　初版第2刷

著者……………G. W. F. ヘーゲル

編訳者…………廣松渉・加藤尚武

発行者…………下中美都

発行所…………株式会社平凡社
〒101-0051　東京都千代田区神田神保町3-29
電話　(03)3230-6579[編集]
(03)3230-6573[営業]
振替　00180-0-29639

印刷・製本……株式会社東京印書館

DTP…………大連拓思科技有限公司＋平凡社制作

装幀……………中垣信夫

ISBN978-4-582-76852-7
NDC分類番号134.4　B6変型判(16.0cm)　総ページ336

平凡社ホームページ http://www.heibonsha.co.jp/

平凡社ライブラリー　既刊より

G・W・F・ヘーゲル……………精神現象学　上・下
G・W・F・ヘーゲル……………キリスト教の精神とその運命
廣松　渉……………マルクスと歴史の現実
廣松　渉……………青年マルクス論
廣松　渉……………資本論の哲学
熊野純彦 編……………廣松渉哲学論集
黒田　亘 編訳……………ウィトゲンシュタイン・セレクション
A・グラムシ……………グラムシ・セレクション
ポール・ヴァレリー……………ヴァレリー・セレクション　上・下
渡邊二郎 編……………ニーチェ・セレクション
河野健二 編……………プルードン・セレクション
杉田　敦 編……………丸山眞男セレクション
市村弘正 編……………藤田省三セレクション
大森荘蔵……………大森荘蔵セレクション
立松弘孝 編……………フッサール・セレクション
ロマン・ヤコブソン……………ヤコブソン・セレクション